新能源汽车专业职业教育创新教材

新能源汽车充电设施构造与检修

主　编　孙大庆　费丽东
副主编　罗丽君　张　良　侯存满　王　松

机 械 工 业 出 版 社

本书主要介绍了新能源汽车充电设施的构造、原理以及运行和维护，包括新能源汽车充电系统概述、交流充电技术、直流充电技术、充电桩维护与保养以及不同充电模式实训教学等内容，使学生学会新能源汽车充电设施的构造、原理，从而掌握其维护和运行的基本技能。

本书内容丰富、通俗易懂、实用性强，既可以作为职业院校新能源汽车专业和相关专业的教材，也可以作为从事新能源汽车职业技能培训工作的专业人员的参考用书。

图书在版编目（CIP）数据

新能源汽车充电设施构造与检修/孙大庆，费丽东主编．—北京：机械工业出版社，2020.1（2025.1重印）
新能源汽车专业职业教育创新教材
ISBN 978-7-111-64615-0

I. ①新… II. ①孙… ②费… III. ①电动汽车－充电－服务设施－构造－高等职业教育－教材②电动汽车－充电－服务设施－维修－高等职业教育－教材 IV. ①U469.72 ②TM910.6

中国版本图书馆 CIP 数据核字（2020）第 017174 号

机械工业出版社（北京市百万庄大街22号 邮政编码100037）
策划编辑：连景岩 杜凡如 责任编辑：连景岩 杜凡如
责任校对：王明欣 责任印制：郜 敏
中煤（北京）印务有限公司印刷
2025 年 1 月第 1 版第 14 次印刷
184mm×260mm・12.75 印张・307 千字
标准书号：ISBN 978-7-111-64615-0
定价：39.00 元

电话服务　　　　　　　　网络服务
客服电话：010-88361066　　机　工　官　网：www.cmpbook.com
　　　　　010-88379833　　机　工　官　博：weibo.com/cmp1952
　　　　　010-68326294　　金　书　网：www.golden-book.com
封底无防伪标均为盗版　机工教育服务网：www.cmpedu.com

新能源汽车专业职业教育创新教材

专家委员会

顾　问

张延华　中国汽车维修行业协会
王水利　北京新能源汽车股份有限公司
王凯明　北京汽车技术研究总院
佘镜怀　国家开放大学汽车学院
刘　鹏　北京理工大学电动车辆国家工程实验室

主　任

王忠雷　北京新能源汽车股份有限公司

副主任

窦银忠　合众新能源汽车有限公司
陈圣景　北京新能源汽车股份有限公司
许建忠　北京汇智慧众汽车技术研究院
谢　元　机械工业出版社
许行宇　全国汽车维修标准化技术委员会

委　员

赵贵君　陈社会　李　刚　付照洪　王桂成
王巨明　孙大庆　高　岩　吴　硕　李宏刚

新能源汽车专业职业教育创新教材

编委会

主　任　　冯玉芹
副主任　　刘　斌　　吴宗保　　尹万建　　王福忠　　任　东
委　员　　李华伦　　程玉光　　王立伟　　贺永帅　　王国林
　　　　　汪赵强　　张　瑶　　温　庚　　孙潇韵　　张珠让
　　　　　曹向红　　贾启阳　　朱　岸　　赵　奇　　高窦平

特 别 鸣 谢

新能源汽车技术对于职业教育来说是个全新的领域，北京新能源汽车股份有限公司一直十分关注我国职业教育的发展，充分体现了国有企业的社会责任。目前，职业教育新能源汽车专业教材相对较少，为响应国家培养大国工匠的号召，北京新能源汽车股份有限公司组织编写了职业教育新能源汽车专业系列教材，并由北京汇智慧众汽车技术研究院负责开发了课程体系。在编写过程中，北京新能源汽车股份有限公司提供了大量的技术资料，给予了专业技术指导，保证了本书成为专业针对性强、适用读者群体范围广的职业教育新能源汽车专业的实用教材，尤其是王忠雷、窦银忠、陈圣景、张国敏、李春洪等提出了大量的意见和建议。在此，对北京新能源汽车股份有限公司及北京汇智慧众汽车技术研究院在本书编写过程中给予的所有支持和帮助表示由衷的感谢！

机械工业出版社

前 言

随着新能源汽车技术的快速发展与国家政策的大力扶持，我国新能源汽车产业将迎来爆发式的增长，新能源汽车的生产制造与售后服务人员的需求逐渐增加。

与传统车辆不同，新能源汽车涉及其他领域的技术，尤其是传统车辆不需要的充电设施，了解其构造原理，并学会基本的检测和维修作业尤为重要。

本书基于现阶段国内主流新能源汽车，尤其是纯电动汽车的充电设施技术要求，结合实际作业要求，针对诸多典型工作任务进行编写，主要介绍了新能源汽车充电设施的构造、原理以及运行和维护，包括新能源汽车充电系统概述、交流充电技术、直流充电技术、充电桩维护与保养以及不同充电模式实训教学等内容，使学生学会新能源汽车充电设施的构造、原理，从而掌握其维护和运行的基本技能。书中所讲内容以北汽新能源EV/EU系列车型为例，相关的电路图中的电气元件符号与原厂电路中所用一致，但与国标要求有差异，请读者注意。

本书由北京汇智慧众汽车技术研究院孙大庆、杭州汽车高级技工学校费丽东担任主编，深州市职教中心张良、承德石油高等专科学校侯存满、大理农林职业技术学院王松担任副主编。参加本书编写的还有陈启立、谢林芹、梁金赟、谢敬武、赵凯、李宪义、班志超、陈家耀、许建忠。同时，本书在编写过程中得到了北京新能源汽车股份有限公司的大力支持，在此表示由衷的感谢。

由于本书涉及的内容较新，编者水平和经验有限，难免存在缺点和疏漏，恳请相关领域专家和广大读者给予批评指正。

编 者

目 录

特别鸣谢
前言
第1章 充电系统概述 … 1
1.1 充电设施及模式 … 1
    1.1.1 常见充电设施 … 1
    1.1.2 充电模式 … 1
    1.1.3 充电的连接方式 … 2
1.2 充电系统的构成及相关术语 … 3
1.3 动力蓄电池充电过程状态简述 … 6
    1.3.1 动力蓄电池内部功能组件 … 6
    1.3.2 动力蓄电池充电与停止充电条件 … 8
    1.3.3 动力蓄电池充电控制流程 … 10
本章小结 … 12
    实训项目 充电系统基础作业 … 13
    实训1 采用充电模式4对纯电动汽车进行充电 … 13
    实训2 高压安全断电作业 … 13

第2章 交流充电技术 … 16
2.1 车载充电机功能、结构与原理 … 16
    2.1.1 车载充电机功能 … 16
    2.1.2 车载充电机结构 … 16
    2.1.3 车载充电机的安装位置 … 17
    2.1.4 车载充电机工作流程 … 18
    2.1.5 车载充电机与动力蓄电池的通信方式 … 19
2.2 交流充电桩原理与使用 … 19
    2.2.1 移动式交流充电桩原理与使用 … 19
    2.2.2 固定式交流充电桩结构及原理 … 20
    2.2.3 交流充电桩充电使用流程 … 23
    2.2.4 交流充电桩对供电电源的要求 … 23
2.3 交流充电桩充电过程 … 23
    2.3.1 交流充电桩与车载充电机的连接握手过程 … 23
    2.3.2 车载充电机对动力蓄电池的充电过程 … 28
    2.3.3 充电结束过程 … 29
2.4 充电过程中充电桩与车辆相关部件的控制与通信 … 30
本章小结 … 33
    实训项目 车载充电系统检查 … 34
    实训3 车载充电系统电路检修 … 34
    实训4 控制导引电路波形测量 … 36

第3章 直流充电技术 38

3.1 直流充电桩结构原理与功能元器件 38
3.1.1 直流充电桩结构与控制原理 38
3.1.2 直流充电桩主要电气元件功能 39
3.1.3 直流耦合器（快充插接口）端子定义 41

3.2 直流充电桩充电流程 42
3.2.1 供电接口与车辆接口的物理连接过程 43
3.2.2 低压辅助上电过程 45
3.2.3 直流充电桩与动力蓄电池的充电参数配置过程 49
3.2.4 直流充电桩与动力蓄电池的充电过程 52
3.2.5 充电结束过程 55

3.3 充电报文截取和解析方法 59
3.3.1 充电报文截取及解析概述 59
3.3.2 握手阶段报文 61
3.3.3 充电参数配置报文 66
3.3.4 充电阶段报文 71
3.3.5 充电结束阶段报文 82
3.3.6 错误报文 85

本章小结 86
实训项目 直流充电系统检查 86
实训5 充电模式4实车充电采报文 86
实训6 报文解析 92

第4章 充电桩维护与保养 104

4.1 安全操作规程及人员防护 104
4.1.1 安全操作规程 104
4.1.2 安全警示标志 104
4.1.3 维修人员作业防护用具 105

4.2 安装和维护保养 106
4.2.1 充电桩安装要求 106
4.2.2 充电桩维护保养制度及保养范围 109

4.3 故障检修与典型案例分析 112
4.3.1 北汽EV150车辆快充至SOC 82%停止充电 113
4.3.2 北汽EV200车辆快充不启动 116
4.3.3 北汽EV160使用充电模式2充电失败 117
4.3.4 北汽EV150个别桩无法快充 118
4.3.5 北汽EV200不能慢充 119
4.3.6 北汽EV200快充失败 122
4.3.7 北汽EV160快充和慢充均不能充电 122

本章小结 123
实训项目 充电桩故障诊断与排除 123
实训7 充电模式4充电故障排除 123

第5章 充电模式2与充电模式3实训教学任务 127

5.1 充电模式2（Hz–CHG–2）教学台架学习任务 …… 127
　5.1.1 充电模式2（Hz–CHG–2）教学台架结构、安全规范及操作流程 …… 127
　5.1.2 学习任务1　交流充电连接确认（CC）故障诊断与排除 …… 132
　5.1.3 学习任务2　交流充电控制导引（CP）故障诊断与排除 …… 138
　5.1.4 学习任务3　车载充电机通信（CAN）故障诊断与排除 …… 146
5.2 充电模式3（Hz–CHG–3）教学台架学习任务 …… 154
　5.2.1 充电模式3（Hz–CHG–3）教学台架结构、安全规范及操作流程 …… 154
　5.2.2 学习任务1　交流充电桩的使用与维护 …… 156
　5.2.3 学习任务2　交流充电桩的结构组成 …… 160
　5.2.4 学习任务3　交流充电桩工作原理 …… 169
　5.2.5 学习任务4　交流充电桩枪端故障检测与排除 …… 171
　5.2.6 学习任务5　交流充电桩绝缘故障检测与排除 …… 173
　5.2.7 学习任务6　交流充电桩CP故障检测与排除 …… 177
　5.2.8 学习任务7　交流充电桩主接触器故障检测与排除 …… 182
本章小结 …… 190

第 1 章

充电系统概述

1.1 充电设施及模式

1.1.1 常见充电设施

目前电动汽车充电设施绝大多数采用传导式充电,一般分为交流式和直流式充电。另有换电设施一般广泛应用于高速服务区和新能源车辆保有量较大的部分城市。交流充电桩的特点是占地小且易于安装,通常建设在电动汽车充换电站、公共停车场、小区停车场、商厦停车场、路边停车位、私有车位等地,可为具备车载充电机的电动汽车提供交流电能,使用操作简便,是小型电动汽车主要的充电设备。直流充电桩通常建设在电动汽车充换电站、高速路服务区、公共停车场、公共充电站、大型小区和商场内。直流快充桩通过枪、线连接,可大电流对车辆动力蓄电池充电,以达到快充的目的。

快换大多是利用电网波谷电给动力蓄电池充电,集中充电,集中储存。新能源汽车不再通过快充、慢充的方式进行补给,而是就近驶入快换站车间更换动力蓄电池,其优点是实现了高效率补给,缺点是暂未有国标化的快换支架,因此限制了品牌和车型,目前很多高速服务区所建设的快换站并未投入使用。

1.1.2 充电模式

GB/T 18487.1—2015《电动汽车传导充电系统 第 1 部分:通用要求》中定义了充电模式:连接电动汽车到电网(电源)给电动汽车供电的方法。电动汽车主要的充电模式分为四种:充电模式 1(图 1-1)是指将电动汽车连接到交流电网(电源)时,在电源侧使用了符合 GB 2099.1—2008《家用和类似用途插头插座 第 1 部分:通用要求》和 GB 1002—2008《家用和类似用途单相插头插座 型式、基本参数和尺寸》要求的插头插座,在电源侧使用了相线、中性线和接地保护的导体。充电模式 2(图 1-2)是指将电动汽车连接到交流电网(电源)时,在电源侧使用了符合 GB 2099.1—2008《家用和类似用途插头插座 第 1 部分:通用要求》和 GB 1002—2008《家用和类似用途单相插头插座 型式、基本参数和尺寸》要求的插头插座,在电源侧使用了相线、中性线和接地保护的导体,并且在充电连接时使用了缆上控制与保护装置(IC-CPD)。充电模式 2 应采用单相交流供电,电源侧使用 16A 插头插座时输出不能超过 13A、使用 10A 插头插座时输出不能超过 8A,并应具备剩余电流保护和过电流保护功能。

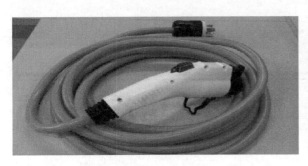
图1-1 充电模式1

图1-2 充电模式2

充电模式3（图1-3）是指将电动汽车连接到交流电网（电源）时，使用了专用供电设备，将电动汽车与交流电网直接连接，并且在专用供电设备上安装了控制导引装置。充电模式4（图1-4）指将电动汽车连接到交流电网或直流电网时，使用了带控制导引功能的直流供电设备。

图1-3 充电模式3

图1-4 充电模式4

1.1.3 充电的连接方式

充电的连接方式是指使用电缆和插接器将电动汽车接入电网（电源）的方法。国标规定了三种物理连接的方式，当前最常见的属连接方式C。早期新能源汽车和低速电动汽车应用连接方式A。连接方式B应用在早期的充电站或充电桩，枪、线大多随车携带。

将电动汽车和交流电网连接时，使用和电动汽车永久连接在一起的充电电缆和供电插头，称为连接方式A（图1-5）。连接方式B（图1-6）指将电动汽车和交流电网连接时，使用带有车辆插头和供电插头的独立的活动电缆组件。连接方式C（图1-7）是指将电动汽车和交流电网连接时，使用和供电设备永久连接在一起的充电电缆和车辆插头，也是目前广为使用的充电连接方式。

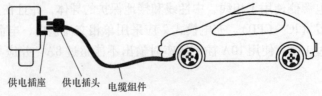
图1-5 连接方式A

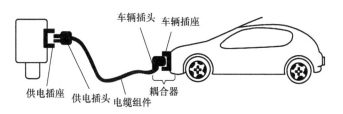

图 1-6　连接方式 B

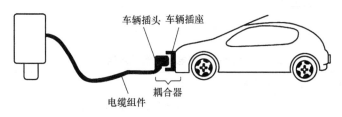

图 1-7　连接方式 C

1.2　充电系统的构成及相关术语

充电系统分为直流充电（快充）及交流充电（慢充）两种方式，是新能源汽车主要且常规的充电方式。在慢充系统（图 1-8）中，交流充电桩大多使用 AC 220V 单相电源，通过枪、线连接将电能传导给车载充电机，车载充电机经整流变换，将交流电变换为直流电给动力蓄电池充电。慢充系统主要包含了电网电源、供电设备、慢充接口、车内高压线束、高压配电装置、车载充电机、动力蓄电池、电池管理系统（BMS）。快充系统（图 1-9）一般使用工业 AC 380V 三相电，经过大功率直流源模块后，将直流电通过枪、线连接到动力蓄电池进行充电。快充系统主要部件包含了电网电源、供电设备、快充接口、高压配电装置、动力蓄电池、BMS。充电系统相关术语见表 1-1。

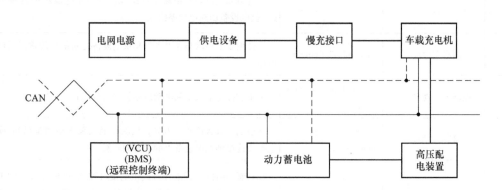

图 1-8　慢充系统

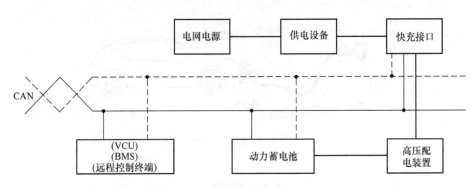

图1-9 快充系统

表1-1 充电系统相关术语

序号	术语名称	英文对照	定义
1	充电	charging	将交流或直流电网（电源）调整为校准的电压/电流，为电动汽车动力蓄电池提供电能，也可额外为车载电气设备供电
2	电动汽车充电系统	EV charging system	包括电动汽车供电设备和满足车辆充电相关功能的系统
3	电动汽车直流充电系统	DC EV charging system	为电动汽车动力电池提供直流电源的充电系统
4	电动汽车交流充电系统	AC EV charging system	为电动汽车车载充电机提供交流电源的充电系统
5	电动汽车充电设备	EV charging equipment	交流充电桩或非车载充电机，含连接方式C下的电缆组件
6	电动汽车供电设备	EV supply equipment（EVSE）	设备或组合式设备，以充电为目的提供专用功能将电能补充给电动汽车，充电模式和连接方式要求：对于充电模式1/连接方式B，供电设备由电缆组件组成；对于充电模式2/连接方式B，供电设备由带有功能盒的电缆组件组成；对于充电模式3/连接方式C，供电设备由充电设备组成；对于充电模式3/连接方式B，供电设备由充电设备和电缆组件组成；对于充电模式4/连接方式C，供电设备由充电设备组成
7	控制导引电路	control pilot circuit	设计用于电动汽车和电动汽车供电设备之间信号传输或通信的电路
8	控制导引功能	control pilot function（CP）	用于监控电动汽车和电动汽车供电设备之间交互的功能
9	连接确认功能	connection confirm function（CC）	通过电子或者机械的方式，反映车辆插头连接到车辆和/或供电插头连接到充电设备上的状态的功能
10	电缆组件	cable assembly	配有额外组件（标准接口或供电接口和/或车辆接口）的柔性电缆，用于连接电动汽车和充电设备（对于连接方式A是固定在车上，对于连接方式B是连接在电动汽车和供电插座之间，对于连接方式C是固定在充电设备上）

（续）

序号	术语名称	英文对照	定义
11	电缆加长组件	cord extension set	包括一柔性电缆或电线，其装配有非拆线插头和一个匹配的非拆线便携式插座的电缆组件 注：①插头和插座不匹配时，该电线称为"适配器电线" ②充电模式1、充电模式2和充电模式3的电线组不是电缆加长组件
12	功能盒	function box	包含在充电模式2电缆组件上实现控制功能和安全功能的装置
13	缆上控制与保护装置	in-cable control and protection device (IC-CPD)	在充电模式2下连接电动汽车的一组部件或元件，包括功能盒、电缆、供电插头和车辆插头，执行控制功能和安全功能
14	标准插头/插座	standard plug/socket-outlet	符合 GB 1002—2008 或 GB/T 1003—2016 和 GB 2099.1—2008 标准要求的插头/插座
15	供电接口	plug and socket-outlet	能将电缆连接到电源或电动汽车供电设备的器件，由供电插头和供电插座组成
16	供电插头	plug	供电接口中和充电线缆连接且可以移动的部分
17	供电插座	socket-outlet	供电接口中和电源供电线缆或供电设备连接在一起且固定安装的部分
18	车辆接口	vehicle coupler	能将电缆连接到电动汽车的器件，由车辆插头和车辆插座组成。注：对应于 GB/T 11918.1—2014 中的器具耦合器
19	车辆插头	vehicle connector	车辆接口中和充电线缆连接且可以移动的部分。注：对应于 GB/T 11918.1—2014 中的插接器
20	车辆插座	vehicle inlet	车辆接口中固定安装在电动汽车上，并通过电缆和车载充电机或车载动力蓄电池相互连接的部分。注：对应于 GB/T 11918.1—2014 中的车辆输入插座
21	连接点	connecting point	电动车辆连接到供电设备的位置 注：①连接点指供电插座或车辆插头 ②连接点可以是固定安装的供电设备的一部分
22	帧	frame	组成一个完整信息的一系列数据
23	CAN 数据帧	CAN data frame	用于传输数据的 CAN 协议所必需的有序位域，以帧起始（SOF）开始，帧结束（EOF）结尾
24	报文	messages	一个或多个具有相同参数组编号的"CAN 数据帧"
25	标识符	identifier	CAN 仲裁域的标识部分
26	标准帧	standard frame	CAN 2.0B 规范中定义的使用 11 位标识符的 CAN 数据帧
27	扩展帧	extended frame	CAN 2.0B 规范中定义的使用 29 位标识符的 CAN 数据帧
28	优先权	priority	在标识符中一个 3 位的域，设置传输过程的仲裁优先级，最高优先权为 0 级，最低优先权为 7 级
29	参数组	parameter group (PG)	在一报文中传送参数的集合

(续)

序号	术语名称	英文对照	定义
30	参数组编号	parameter group number（PGN）	用于唯一标识一个参数组的一个24位值。参数组编号包括：保留位、数据页、PDU格式域（8位）、PDU特定域（8位）
31	可疑参数编号	suspect parameter number（SPN）	应用层通过参数描述信号，给每个参数分配的一个19位值
32	协议数据单元	protocol data unit（PDU）	一种特定的CAN数据帧格式
33	传输协议	transport protocol	数据链路层的一部分，为传送数据9~1785字节的PGN提供的一种机制
34	电子控制单元	electronic control unit（ECU）	电子控制单元，即车载电脑，由微控制器和外围电路组成
35	诊断故障代码	diagnostic trouble code（DTC）	一种用于识别故障类型、相关故障模式以及发生次数的4字节数值

1.3 动力蓄电池充电过程状态简述

1.3.1 动力蓄电池内部功能组件

动力蓄电池内部由单体蓄电池、母排、蓄电池模组、电压检测器件、电流检测器件、温度检测器件、绝缘监测器件、直流接触器、线束与插接器、电池管理系统等组成。单体蓄电池（图1-10）是构成动力蓄电池模块的最小单元，一般由正极、负极、电解质及外壳等构成，可实现电能与化学能之间的直接转换。母排（图1-11）是用于模组之间连接的铜排。蓄电池模组（图1-12）由多个单体蓄电池经串、并联组成，又称蓄电池组。电压检测器件（图1-13）是单体蓄电池电压、温度采样单元模块。电流检测器件（图1-14）用来采集动力蓄电池充、放电电流值。温度检测器件（图1-15），又称温度传感器，安装在电池包内部，分布于各采集点处，当电池包温度发生变化时，其电阻值也发生变化，且阻值随温度变化呈现唯一性，BMS控制器通过子板芯片采集到各温度点的传感器电阻值后实现温度计算。

绝缘监测器件是动力蓄电池内部的安全监测电路（图1-16），在充、放电过程中通过程序化控制的开关来反复投切连接在正负母线与电平台的偏置电阻来计算绝缘阻值，用于实时监测内部电路的电气绝缘性。

直流接触器（图1-17）安装在充电设备的直流输出侧和动力蓄电池内部的正负母线上，实现充、放电时接通、断开主回路的作用，起到安全防护作用。它具备耐高电压、大电流的特性。低压插接器及低压线束（图1-18），含整车CAN、电池内部CAN、快充CAN，低压供电线与车辆低压系统线束相连接，实现整车与动力蓄电池的低压通信和控制。高压插接器（图1-19）用来输出高压及电流，与PRA（动力蓄电池继电器盒）相连，安装于动力蓄电池总成的出口处，与车辆高压组件连接。

电池管理系统（BMS）（图1-20）是电池保护和管理的核心部件，它不仅要保证电池安全可靠地使用，而且要充分发挥电池的能力和延长使用寿命，作为电池和其他控制器以及驾驶人沟通的桥梁，根据采集到的动力蓄电池系统的基本参数及故障信息，通过控制接触器控制动力蓄电池组的充放电。它的功能是通过电压、电流及温度检测等功能实现对动力蓄电池系统的过电压、欠电压、过电流、高温和低温保护，继电器控制、电池剩余电量 SOC 估算、充放电管理、故障报警及处理、与其他控制器通信等功能；此外多数电池管理系统还具有高压回路绝缘检测以及控制动力蓄电池系统的加热功能。

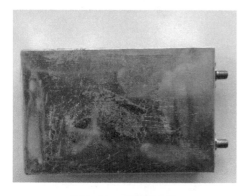

图 1-10　单体蓄电池

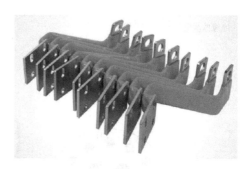

图 1-11　母排

图 1-12　蓄电池模组

图 1-13　电压检测器件

图 1-14　电流检测器件

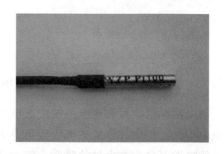

图 1-15　温度检测器件

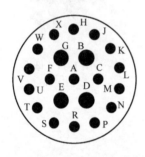

图 1-16　绝缘监测电路

图 1-17　直流接触器

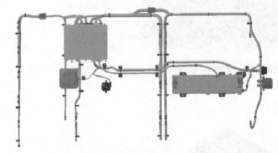

图 1-18　低压插接器及低压线束

图 1-19　高压插接器

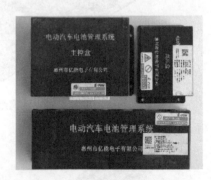

图 1-20　电池管理系统（BMS）

1.3.2　动力蓄电池充电与停止充电条件

　　动力蓄电池能否在充电系统中充电成功的关键因素取决于动力蓄电池自身的状态是否满足充电条件。约束充电的条件大致可分为充电桩和车辆两部分，其中又包含故障类和非故障类。故障类可分为充电桩故障和车辆故障，其中充电桩故障包括充电桩自身故障及电网电源故障，车辆故障包括动力蓄电池故障、低压控制系统故障及高压系统故障，只有充电桩和车辆均满足可充电条件方可充电。

停止充电条件:①故障导致中止充电或是不能启动充电(高压回路绝缘故障)(图1-21);②单体蓄电池电压达到了设定的充电截止电压,导致停止充电(图1-22);③SOC达到100%。需要注意的是,SOC值并不一定是首要充电停止条件,即使SOC为100%有时仍旧充电,是在等待最高单体蓄电池电压值达到BMS的设定值(如本例中的3.65V)(图1-23)。④充电机温度过高或过低导致充电中止或无法启动充电。即受车辆充电控制策略影响:禁止启动、降功率运行、立即停止。⑤动力蓄电池温度过高或过低导致无法充电或中止充电。即受车辆充电控制策略影响:允许充电、限流充电、充电加热、禁止充电。

图1-21　绝缘故障

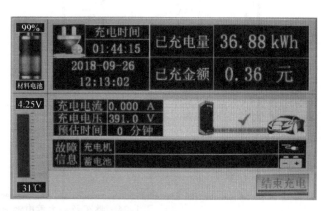

图1-22　单体蓄电池电压达到了设定的充电截止电压

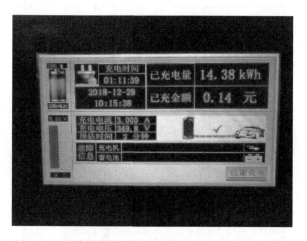

图1-23　最高单体蓄电池电压值未达到BMS的设定值

关于车辆的热管理,与车辆充电有直接关系,即影响着充电的效率。各品牌车型会略有不同。以北汽新能源为例,部分老车型自55℃起既不允许充电也不允许放电,当检测值低于55℃就可正常充放电。各温度检测点的温差大于15℃不允许充放电。各单体蓄电池压差大于300mV不允许充放电、-20℃以下不允许充放电。低于-20℃时,允许整车上电也允许放电,但充电时只加热不充电,当加热到0℃以上边加热边充电,加热到10℃以上退出加热,全功率充电。

1.3.3 动力蓄电池充电控制流程

1. 整车及动力蓄电池充电唤醒过程

为了实现慢充功能，整车必须唤醒车载充电机、BMS 和整车控制器，慢充桩通过硬线信号（硬线信号是指直接与控制器芯片的引脚（PIN）连接的导线线路所传输的高低电平信号。）唤醒车载充电机，随后车载充电机通过硬线信号唤醒 BMS，再由 BMS 唤醒整车控制器，并由整车控制器引导整车上电（图1-24）。

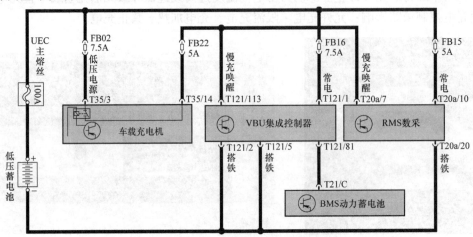

图1-24 整车及动力蓄电池充电唤醒过程

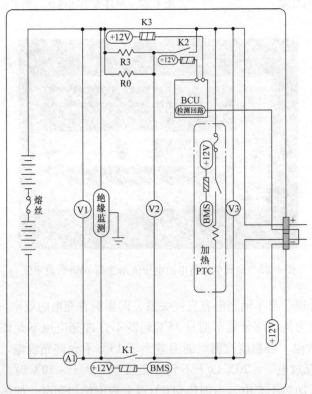

图1-25 充电状态下动力蓄电池高压回路接通过程
K1—负极继电器 K2—预充继电器 K3—正极继电器

2. 充电状态下动力蓄电池高压回路接通过程

当充电桩与车辆物理连接完成后：车载充电机被唤醒，之后由车载充电机唤醒 BMS，BMS 经上电自检完成并唤醒整车控制器。整车控制器控制负极继电器 K1，BMS 控制预充继电器 K2 和正极继电器 K3，如图 1-25 所示。

3. 充电过程中电池发生的变化

在充电过程中，随充电量增加，电池电压升高、SOC 增加、充电电流会下降、温度会升高，具体见表 1-2。

表 1-2　充电过程动力蓄电池变化

序号	充电过程	过程说明
1	充电初期，充电电流爬升（图 1-26）	充电阶段，BMS 和充电机用 CAN 通信方式来完成充电启动电流的调整，电流值由低至高，直至达到 BMS 设定的需求值或充电机所能输出的最大电流值
2	恒流充电，单体蓄电池电压上升（图 1-27）	基于锂电池的充电特性，在充电阶段大多采用的是先恒流（CC）充电后恒压（CV）充电。在充电初期阶段即是恒流充电，此时充电机按照 BMS 给定的充电电流需求持续输出较大的电流，在一定的时间内不会产生变化
3	SOC 上升（图 1-28）	充电阶段随着充电电流持续和时间的增长，SOC 值逐渐增加
4	达到单体蓄电池电压预设值，开始降电流	充电阶段，BMS 实时监测动力蓄电池的变化，为了更好地保护单体蓄电池，当单体蓄电池电压值达到预设值时，将通过 CAN 总线对充电机做出降电流调整的指令
5	温度变化	充电阶段，在大电流充电时，动力蓄电池内部会产生较大的温升，BMS 会在整个充电过程中实时监测温度变化
6	达到单体蓄电池电压预设值，停止充电（图 1-29）	充电阶段，当 BMS 检测单体蓄电池电压最高值达到预设值时，BMS 会通过 CAN 总线向充电机发送停止充电命令，充电机立即停止充电并上报充电结算信息

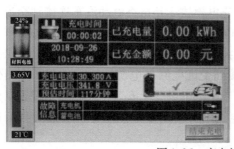
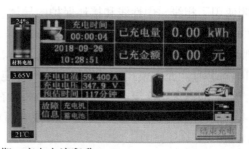

图 1-26　充电初期，充电电流爬升

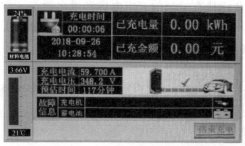
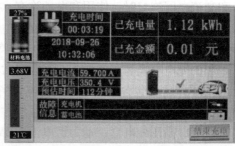

图 1-27　恒流充电，单体蓄电池电压上升

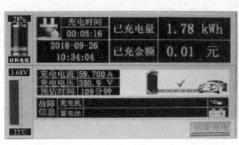 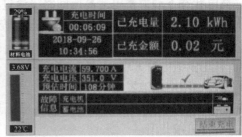

图 1-28　SOC 上升

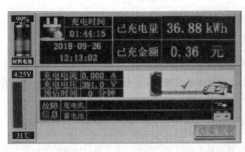 

图 1-29　达到单体蓄电池电压预设值，停止充电

本 章 小 结

1. 电动汽车主要的充电模式分为四种：充电模式 1 是指将电动汽车连接到交流电网（电源）时，在电源侧使用了符合 GB 2099.1—2008 和 GB 1002—2008 要求的插头插座，在电源侧使用了相线、中性线和接地保护的导体。充电模式 2 是指将电动汽车连接到交流电网（电源）时，在电源侧使用了符合 GB 2099.1—2008 和 GB 1002—2008 要求的插头插座，在电源侧使用了相线、中性线和接地保护的导体，并且在充电连接时使用了缆上控制与保护装置（IC‐CPD）。充电模式 3 是指将电动汽车连接到交流电网（电源）时，使用了专用供电设备，将电动汽车与交流电网直接连接，并且在专用供电设备上安装了控制导引装置。充电模式 4 是指将电动汽车连接到交流电网或直流电网时，使用了带控制导引功能的直流供电设备。

2. 充电的连接方式是指使用电缆和插接器将电动汽车接入电网（电源）的方法。将电动汽车和交流电网连接时，使用和电动汽车永久连接在一起的充电电缆和供电插头，称为连接方式 A。连接方式 B 指将电动汽车和交流电网连接时，使用带有车辆插头和供电插头的独立的活动电缆组件。连接方式 C 是指将电动汽车和交流电网连接时，使用和供电设备永久连接在一起的充电电缆和车辆插头。当前最常见的属连接方式 C。

3. 慢充系统主要包含电网电源、供电设备、慢充接口、车内高压线束、高压配电装置、车载充电机、动力蓄电池、BMS。快充系统主要部件包含电网电源、供电设备、快充接口、车内高压线束、高压配电盒、动力蓄电池、BMS。

实训项目　充电系统基础作业

实训 1　采用充电模式 4 对纯电动汽车进行充电

1. 实训目标

掌握采用充电模式 4 对纯电动汽车进行充电的流程及注意事项。

2. 仪器和设备

1）防护装备：安全防护用具。

2）车辆：北汽新能源 EU260。

3）专用工具、设备：充电模式 4 充电桩、危险警示牌、隔离围挡、车轮挡块。

3. 安全操作注意事项

1）请勿不戴防护用具直接用手触摸携带高压警告标识的部位。

2）启动充电前，必须确认行、驻车制动功能可靠；车辆处于 P 位或 OFF 档，拉紧驻车制动（手刹 5 齿）并设车轮挡块。

3）使用充电设备时，需佩戴绝缘手套（此项只针对学生练习，日常工作中不需要。）。

4. 操作过程

操作过程及记录见表 1-3。

表 1-3　操作过程及记录

序号	操作过程	记录
1	完成物理连接	
2	选择启动方式	
3	启动充电并观察机屏显示	
4	起始 SOC（%）	
5	起始最高单体蓄电池电压	
6	起始最高温度	
7	输出电压变化	
8	输出电流变化	
9	机屏操作手动停止	
10	断开物理连接	

实训 2　高压安全断电作业

1. 实训目标

掌握高压安全断电作业的流程及注意事项。

2. 仪器和设备

1）防护装备：维修人员安全防护装备。

2）车辆：北汽新能源 EV160。

3）专用工具、设备：专用万用表、放电工装、标示牌、隔离围挡、新能源标准工位。

3. 安全操作注意事项

1）B 类电压的操作必须实施安全防护，并遵守安全操作规程。

2）断开高压插接器以后需要双侧验电，剩余电荷使用放电工装进行放电。操作部件经再次确认无电后实施物理和电气隔离防护。

3）车底作业和前舱作业必须佩戴安全帽。

4. 操作过程

高压安全断电操作过程及记录见表 1-4。

表 1-4 高压安全断电操作过程及记录

序号	操作过程	要求	记录
1	检查绝缘手套/安全帽/眼镜	① 绝缘手套无破损、无油污，耐压等级符合要求 ② 安全帽无破损、无油污，耐压等级符合要求 ③ 眼镜无破损、无油污	
2	设置监护人		
3	设置警示牌		
4	新能源标准工位的检查	① 检查车辆停放是否周正 ② 检查绝缘垫性能	
5	车辆断电（钥匙置 OFF 档）		
6	断开低压蓄电池负极线的连接	蓄电池附加安放绝缘防护盖	
7	拆卸 PDU35 针插接器，安装防护盖	检查 PDU35 针插接器无退针、倒针现象	
8	拆卸 PDU 动力蓄电池主正、主负线束插接器连接螺栓，取下插接器		
9	验电：测量动力蓄电池侧的主正、主负线束电压	电压为 0V 可继续作业，否则说明动力蓄电池故障，请进行维修	
10	验电：测量 PDU 侧主正、主负端子电压	记录电压	

（续）

序号	操作过程	要求	记录
11	放电：使用放电工装释放 PDU 侧主正、主负端子残余电荷	放电工装指示灯不应点亮	
12	再次验电：测量 PDU 侧主正、主负端子电压	记录电压	
13	高压安全断电作业完成，可进行后续作业		

第 2 章

交流充电技术

2.1 车载充电机功能、结构与原理

2.1.1 车载充电机功能

纯电动汽车车载充电机采用高频开关电源技术，主要功能是将交流 220V 或 380V 转换为高压直流电给动力蓄电池进行充电，保证车辆正常行驶。同时车载充电机提供相应的保护功能，包括过电压、欠电压、过电流、欠电流等多种保护措施，当充电系统出现异常会及时停止充电，相对于传统工业电源，具有效率高、体积小、耐受恶劣工作环境等特点。车载充电机工作过程中需要协调充电桩、BMS、整车控制器部件。车载充电机充电系统构架如图 2-1 所示。例如，北汽新能源纯电动汽车 2014 年以前的 EV 系列车型，车载充电机是独立的电气设备，功率为 3.3kW。2015 款的 EV 系列、EU 系列、EX 系列等车型车载充电机集成在 PDU 或 PEU 里，而且分为 A、B 两个充电模块，总功率为 6.6kW。

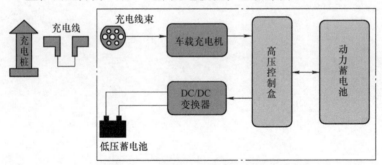

图 2-1 车载充电机充电系统构架

2.1.2 车载充电机结构

车载充电机拓扑电路如图 2-2 所示，整机功率拓扑由整流电路（整流电路是把交流电能转换为直流电能的电路，主要由整流二极管组成。经过整流电路之后的电压是一种含有直流电压和交流电压的混合电压，习惯上称为单向脉动性直流电压。）、PFC 升压电路（PFC 升压电路也称功率因数修正电路，其作用是通过控制 PFC 开 - 关管的导通使输入电流能跟踪输入电压的变化，获得理想的功率因数，减少电磁干扰 EMI 和稳定车载充电机中开关管的工作电压。）和 LLC 谐振电路（LLC 谐振电路是指主要由电感、电容和电阻元件组成的能发生谐振的电路，其作用是通过控制开关频率来实现输出电压恒定。）组成，整流电路将输入的 220V 交流电转为脉动电流，经过 PFC 电路后变为直流电，然后再进行逆变升压，最后将

变压器输出的交变电流整流滤波后输入动力蓄电池进行充电。充电过程中车载充电机根据接收 VCU 或 BMS 发送的充电电压、充电电流指令等进行工作。

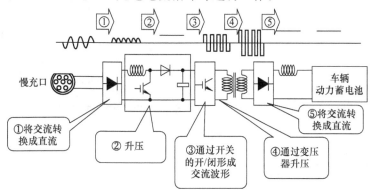

图 2-2 车载充电机拓扑电路

2.1.3 车载充电机的安装位置

分体式车载充电机如图 2-3 所示。在纯电动汽车初期发展阶段，大多数车型的车载充电机都是独立功能的模块。随着新能源汽车产业的发展，车载充电机（OBC）模块已经开始和整车其他高压模块集成在一起，如图 2-4 和图 2-5 所示，目的是为了节省空间、降低成本，更加合理地设计了散热管路，同时提高了电磁兼容性（EMC）。

图 2-3 分体式车载充电机

图 2-4 车载充电机集成在 PDU 中

 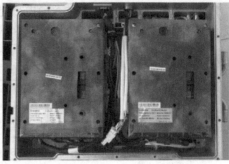

图 2-5 车载充电机集成在 PEU 中

2.1.4 车载充电机工作流程

图 2-6 所示的是车载充电机工作流程,当车载充电机连接到交流电后,通过电池管理系

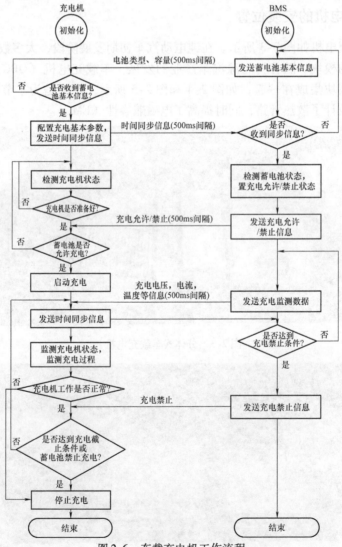

图 2-6 车载充电机工作流程

统（BMS）首先对电池的状态进行采集分析和判断，进而调整充电机的充电参数。

2.1.5 车载充电机与动力蓄电池的通信方式

如图 2-7 所示，在充电系统中，车载充电机（OBC）、电池管理系统（BMS）、整车控制器（VCU）、数据采集终端（RMS）这些相关节点使用 500kbit/s 的 CAN 总线来交互信息。慢充模式下，动力蓄电池内部的 BMS 通过低压插接器与车载充电机相连接。

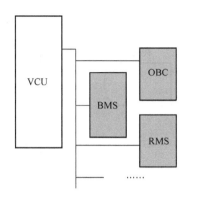

图 2-7 车载充电机与动力蓄电池的通信方式

2.2 交流充电桩原理与使用

2.2.1 移动式交流充电桩原理与使用

移动式交流充电桩由插头、功能盒、车辆接口及线缆组成，功能盒如图 2-8 所示，其控制导引电路原理如图 2-9 所示。要求在电源侧使用相线、中性线和接地保护的导体；使用输入额定电压为单相 AC 220V、额定电流为 16A 的插座，其中插座应能符合 GB 2099.1—2008 和 GB 1002—2008 的要求。允许电压波动范围为额定电压的 ±15%，电网频率 50Hz±1Hz。使用移动式充电桩 IC–CPD（充电模式 2），应国标要求，应该首先确认电网电源所提供的墙壁插座应符合 GB 2099.1—2008 和 GB 1002—2008 要求的插头插座，并且要具备相线、中性线和保护接地线。充电时，应先将充电模式 2 的插头插入电源插座中，再与车辆的慢充口连接。车辆充电完毕或者人工终止充电时，应先在车辆侧断开开关 S 后再拔枪，之后断开电源侧插头。

图 2-8 移动式充电桩功能盒

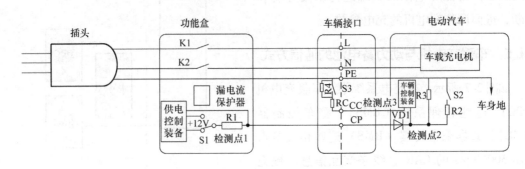

图 2-9 移动式充电桩控制导引电路

2.2.2 固定式交流充电桩结构及原理

交流充电桩内部结构如图 2-10 所示,包括主回路和二次回路。主回路输入断路器具备过载、短路和漏电保护功能;继电器控制电源的通断;交流充电枪或交流充电座提供与纯电动汽车连接的充电接口,具备锁紧装置和防误操作功能。二次回路提供"启停"控制与"急停"操作;信号灯提供"待机""充电"与"充满"状态指示;智能电表进行交流充电计量;人机交互界面则提供刷卡、充电方式设置与启停控制等操作。

主回路由输入保护断路器、交流智能电能表、交流接触器和充电接口插接器组成;二次回路由控制继电器、急停开关、运行状态指示灯、充电桩智能控制器和人机交互设备(显示、输入与刷卡)组成。主回路和二次回路中各电气元件的功能与作用见表 2-1。

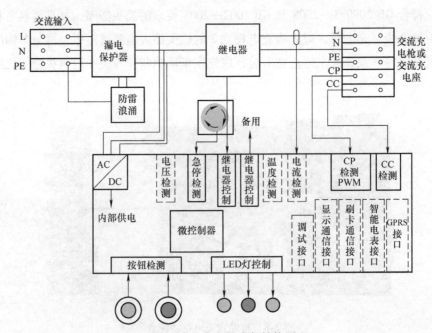

图 2-10 交流充电桩内部结构原理

表 2-1　主回路和二次回路中各电气元件的功能与作用

序号	部件图形	名称	作用
1		漏电保护开关	交流输入配置漏电保护开关,具备输出侧的过载保护、短路保护和漏电保护功能
2		D级防雷器	交流输入配置 D 级防雷器,具备防感应雷、防操作过电压的保护功能
3		交流智能电能表	交流输出配置交流智能电能表(静止式交流多费率有功电能表),安装在交流输出端与车载充电机之间,用来计量有功总电能和各费率有功电能
4		人机交互设备	LED 屏与按键人机交互设备,充电方式可设置自动充满、按电量充、按金额充和按时间充;启动方式可选择立即启动和预约启动;充电过程中实时显示充电方式、时间、电量及费用信息
5		运行状态指示灯	运行状态指示灯显示充电桩"待机""充电""结束""异常"状态,包括联锁失败、断路器跳闸(过载保护、短路保护或漏电保护)
6		射频读卡器	射频读卡器,支持 IC 卡付费方式,按照"预扣费与实结账"相结合的方式
7		急停开关	急停开关能快速切断输出电源

(续)

序号	部件图形	名称	作用
8		GPRS/CDMA 无线网络模块	充电桩内部模块化安装,应用于联网运营类的公共充电桩的对外通信
9		交流接触器	应用于自动控制,是常用的低压控制电器。受继电器控制来实现K1、K2的通断
10		继电器	应用于自动控制,是常用的低压控制电器。受主板控制来实现交流接触器线圈回路的通断
11		绝缘监视器	安全系统功能组件之一,应用于实时监测充电桩的绝缘状态,保障充电安全运行
12		主控板	充电桩核心部件,集成自检、信号控制、保护功能、通信功能等

车辆接口和充电模式3的供电接口的触头布置方式如图2-11所示,各触头电气参数值及功能定义见表2-2。

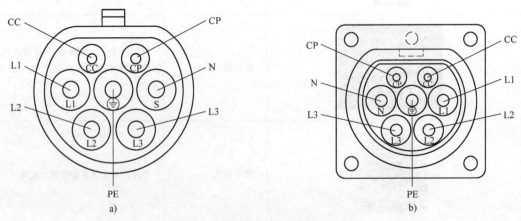

图2-11 车辆/供电接口触头布置方式
a) 供电接口 b) 车辆接口

表 2-2 触头电气参数值及功能定义

触头编号/标识	额定电压和额定电流	功能定义
L1	250V；10A/16A/32A	交流电源（单相）
	440V；16A/32A/63A	交流电源（三相）
L2	440V；16A/32A/63A	交流电源（三相）
L3		
N	250V；10A/16A/32A	中线（单相）
	440V；16A/32A/63A	中线（三相）
PE		保护接地（PE），连接供电设备地线和车辆电平台
CC	0～30V/2A	充电连接确认
CP	0～30V/2A	控制导引

2.2.3 交流充电桩充电使用流程

在使用交流充电桩充电时，首先从充电桩侧摘下充电枪，然后与车辆慢充口可靠连接。在充电桩端刷卡启动充电，慢充启动，观察车辆仪表和桩端显示正常。充电结束或人工终止充电时，桩端刷卡停止充电结算成功，观察车辆仪表和桩端显示均无充电电流，拔下充电枪放回充电桩。

2.2.4 交流充电桩对供电电源的要求

1）交流充电桩依 GB/T 18487.1—2015 之 8.2 的要求：在连接方式 A 和连接方式 B 中，交流电网应具有中性线并连接至标准插座。在连接方式 C 中，中性线应连接至车辆插头。

2）Q/CSG 11516.2—2010 之 8.3 的要求：交流充电桩应采用 AC 220/380V 的电压等级供电。

3）充电桩柜体应与电源接地线连接且接地电阻值不大于 4Ω。

4）充电桩的输入额定电压为 AC 220/380V，输入额定电流为 10A/16A/32A/63A。

5）允许电压波动范围为额定电压的 ±15%。

6）电网频率为 50Hz±1Hz。

2.3 交流充电桩充电过程

2.3.1 交流充电桩与车载充电机的连接握手过程

充电模式 3 连接方式 B（图 2-12）由供电装置，接触器 K1 和 K2，电阻 R1、R2、R3、R4、RC，二极管 VD1，开关 S1、S2、S3，车载充电机和车辆控制装置（此处特指车辆充电控制装置，部分车型是独立的，也有的车型与整车控制器集成。）组成。所有回路虚线位置为枪线耦合部分即连接方式 B。主回路虚线代表三相交流充电桩工作的 L2、L3 相线，本图为单相 AC 220V 供电装置故而省略了 L2、L3，用虚线表示。下面以充电模式 3 连接方式 B 为例，分析物理连接的过程，该过程中包含零线、相线、PE 线、控制检测线路的先后导通情况。

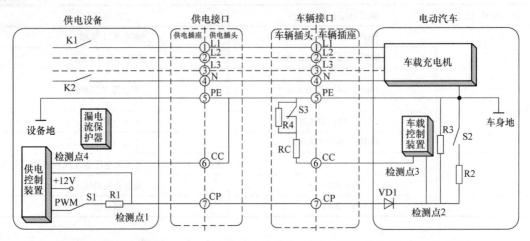

图 2-12 充电模式 3 连接方式 B 控制导引电路原理

1) 第一阶段：慢充准备阶段，未插枪。

由于此时充电桩和车辆未建立物理连接，车、充电桩、连接线均处于未工作状态，如图 2-13 所示。

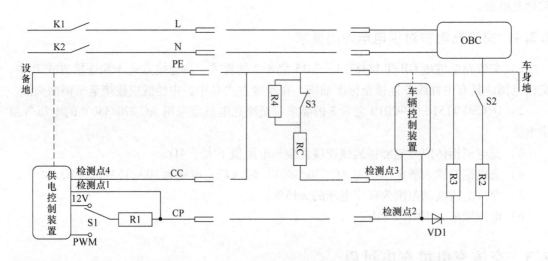

图 2-13 慢充准备阶段

2) 第二阶段：桩端开始插枪，PE 线首先接触（GB/T 20234.2—2015 中 6.3 规定），如图 2-14 所示。

3) 第三阶段：桩端继续插枪，在 PE 线接触之后，L、N 线接通，如图 2-15 所示。

4) 第四阶段：桩端继续插枪，在 PE 线和 L、N 线接通之后，CC 和 CP 接触但未能完成全部耦合。

此时充电桩端的检测点 4 通过 CC 和 PE 两个耦合点经 PE 线与供电控制装置构成回路，因此充电桩判断桩端已经完成了物理连接；同时 CP 耦合，但是检测点 1 由于车辆端未插枪，不能构成回路，如图 2-16 所示。

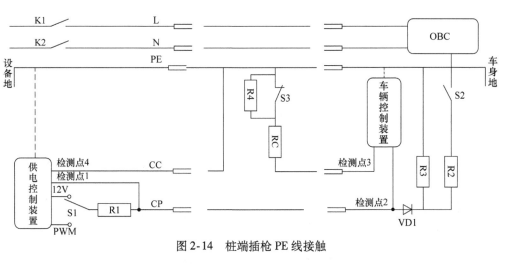

图 2-14 桩端插枪 PE 线接触

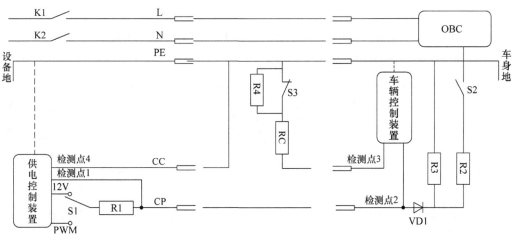

图 2-15 桩端继续插枪,在 PE 线接触之后,L、N 线接通

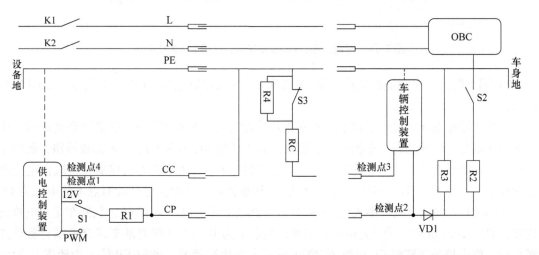

图 2-16 桩端继续插枪,在 PE 线和 L、N 线接通之后,CC 和 CP 接触但未能完全耦合

5) 第五阶段:充电桩端插枪,交流耦合已经完成,如图 2-17 所示。

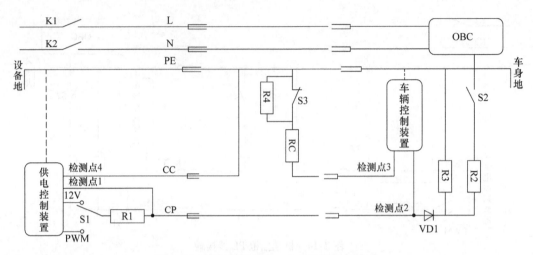

图 2-17 充电桩端插枪，交流耦合已经完成

6）第六阶段：车端插枪，PE 线先接触，之后 L、N 线接触，如图 2-18 所示。

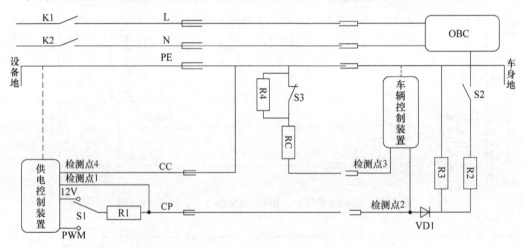

图 2-18 车端插枪，PE 线先接触，之后 L、N 线接触

7）第七阶段：车端继续插枪，在 PE 线和 L、N 线接触之后，CC、CP 接触，如图 2-19 所示。

此时在慢充系统中发生了如下一些变化：①此时由于插枪 S3 开关受机械联动影响，由原来的常闭改为断开状态。车辆控制装置检测点 3 通过 RC 串联 R4 经 PE 构成回路，此时车辆控制器判断车端耦合器为半连接状态。②位于桩端和车端的 CP 均已接通，桩端供电控制装置控制信号经 S1、R1、VD1、R3 连接到 PE 构成回路，此时充电桩检测点 1 的电压为 DC 9V（车端 CP 未接通时没有串入 R3 电阻且为断路状态时，电压为 12V），判断车端充电枪已连接，如图 2-19 所示。③当充电桩识别到检测点 1 为 DC 9V（即判断车端交流耦合器已连接）后，供电控制装置将 S1 切换至 PWM 波（占空比）信号，此时 CP 线上为频率 1000Hz 的 9V PWM 信号，如图 2-20 所示，即充电桩准备就绪。

8）第八阶段：车辆端继续插枪，交流耦合器完全连接。

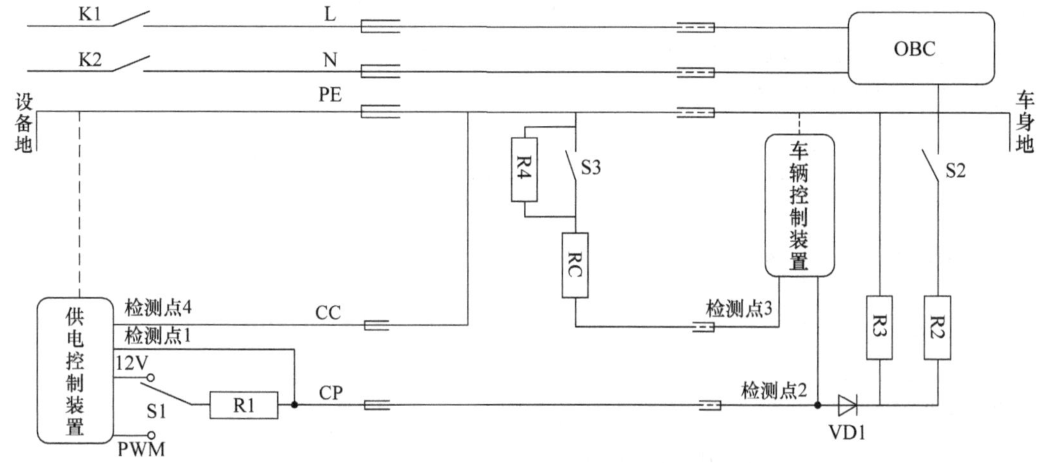

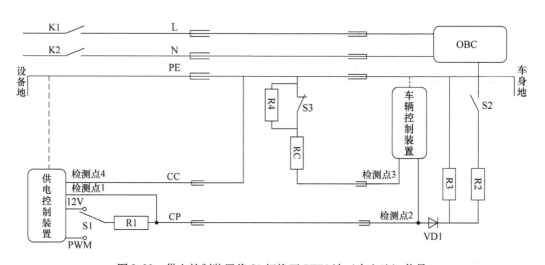

图 2-19 车端继续插枪,在 PE 线和 L、N 线接触之后,CC、CP 接触

图 2-20 供电控制装置将 S1 切换至 PWM 波(占空比)信号

此时由于插枪 S3 开关受机械联动影响,由原来的断开改为闭合状态。车辆控制装置检测点 3 通过 RC 电阻经 S3、PE 构成回路,并且检测判断 RC 电阻值。此时车辆控制装置判断车端耦合器为完全连接状态。车辆控制装置通过测量检测点 3 与 PE 之间的电阻值来判断车辆插头与车辆插座的连接状态,它们之间的关系见表 2-3。

表 2-3 检测点 3 与 PE 之间电阻值对应车辆插头与车辆插座的连接状态关系

车辆插头与车辆插座连接状态	S3 状态	CC 连接状态	检测点 3 与 PE 之间的电阻值
未连接	闭合	未连接	无限大
半连接	断开	连接	RC 电阻值 + R4 电阻值
全连接	闭合	连接	RC 电阻值

车辆控制装置通过测量检测点 3 与 PE 之间的电阻值来确认当前充电连接装置(电缆)的额定容量。RC 电阻值为 680Ω 时,对应的电缆容量为 16A;RC 电阻值为 220Ω 时,对应

的电缆容量为32A。车辆控制装置通过测量检测点2的PWM信号占空比确认当前供电设备的最大供电电流。充电设施产生的占空比与充电电流限值映射关系见表2-4。车辆检测的占空比与充电电流限值映射关系见表2-5。

表2-4 充电设施产生的占空比与充电电流限值映射关系

PMW 占空比 D	最大充电电流 I_{max}/A
$D=0\%$，连续的 $-12V$	充电桩不可用
$D=5\%$	5%的占空比表示需要数字通信，且需要在充电桩和电动汽车之间建立通信，没有数字通信不允许充电
$10\% \leqslant D \leqslant 85\%$	$I_{max} = D \times 100 \times 0.6$
$85\% < D \leqslant 90\%$	$I_{max} = (D \times 100 - 64) \times 2.5$ 且 $I_{max} \leqslant 63$
$90\% < D \leqslant 97\%$	预留
$D=100\%$，连续的正电压	不允许

表2-5 电动车辆检测的占空比与充电电流限值映射关系

PMW 占空比 D	最大充电电流 I_{max}/A
$D < 3\%$	不允许充电
$3\% \leqslant D \leqslant 7\%$	5%的占空比表示需要数字通信，且需要在充电桩和电动汽车之间建立通信，没有数字通信不允许充电
$7\% < D < 8\%$	不允许充电
$8\% \leqslant D < 10\%$	$I_{max} = 6$
$10\% \leqslant D \leqslant 85\%$	$I_{max} = (D \times 100) \times 0.6$
$85\% < D \leqslant 90\%$	$I_{max} = (D \times 100 - 64) \times 2.5$ 且 $I_{max} \leqslant 63$
$90\% < D \leqslant 97\%$	预留
$D > 97\%$	不允许充电

9）第九阶段：当S3闭合，车辆检测到充电枪为全连接状态后，充电机会根据动力蓄电池的充电需求在自检无故障时，闭合S2，表示车辆准备就绪，请求充电。当车辆闭合了S2开关后，CP线上PWM波信号降至6V，充电桩以此判断车辆已经准备好。因此充电桩闭合接触器K1、K2，进入充电阶段（图2-21）。

2.3.2 车载充电机对动力蓄电池的充电过程

慢充桩唤醒OBC，随后OBC通过硬线信号唤醒BMS，再由BMS唤醒VCU，并引导整车上电。在此阶段，BMS实时监测动力蓄电池内部的采样数据，包含了温度、电压、电流、SOC、绝缘等状态，这些状态值也会通过CAN线与车载充电机（OBC）进行实时的信息交互。在这一阶段双方均在判断是否达到充电停止条件。当车载充电机自身检测到故障时或者BMS检测到充电故障或已经达到充电停止条件时，即进入到下电流程。

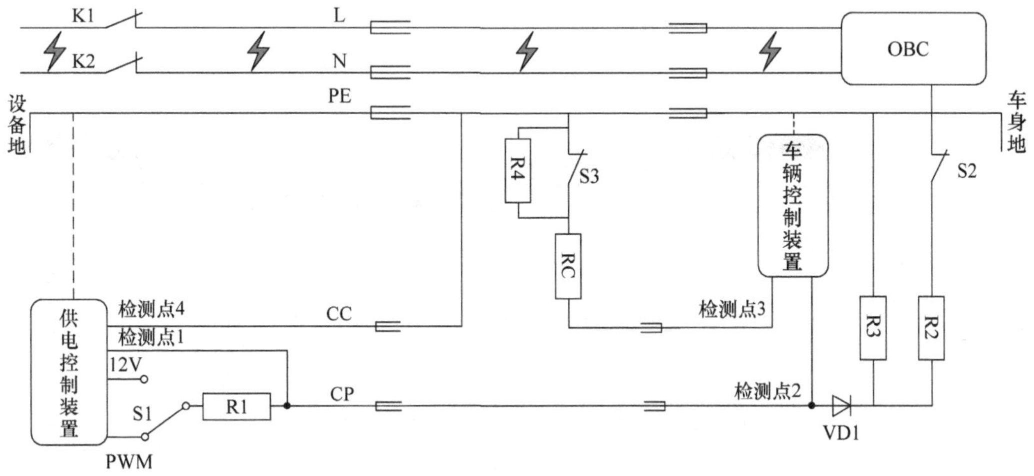

图 2-21 进入充电阶段

充电过程中，车辆控制装置应对检测点 3 与 PE 之间的电阻值（对于连接方式 B 和连接方式 C）及检测点 2 的 PWM 信号占空比进行监测，充电控制装置应对检测点 4 及检测点 1（对于充电模式 3 的连接方式 A 和连接方式 B）的电压值进行监测。

在充电过程中，当充电完成或因为其他原因不能满足继续充电的条件时，车辆控制装置和供电控制装置分别停止充电的相关控制功能。

在充电过程中，当达到车辆设置的结束条件或者驾驶人对车辆实施了停止充电的指令时，车辆控制装置断开开关 S2，并使车载充电机处于停止充电状态。在充电过程中，当达到操作人员设置的结束条件或操作人员对供电装置实施了停止充电的指令时，充电控制装置将控制开关 S1 切换到 +12V 连接状态。当检测到 S2 开关断开时，在 100ms 内通过断开接触器 K1 和 K2，切断交流供电回路；超过 3s 未检测到 S2 断开，则可以强制带载断开接触器 K1 和 K2，切断交流供电回路。连接方式 A 或连接方式 B 时，供电接口电子锁在交流供电回路切断 100ms 后解锁。

2.3.3 充电结束过程

充电过程中 BMS 会实时监测电池数据，当监测到满足停止充电条件时将断开 S2 开关，充电桩检测点 1 由此判断达到充电停止条件，断开 K1、K2 停止输出。停止充电原因分两类：充电桩停止和车辆停止。充电桩停止包括正常停止（即达到预约充电金额停止或 APP 操作远程停止）与故障停止；车辆停止包括正常停止（即 BMS 监测达到充电停止条件主动停止或 APP 操作远程停止）与故障停止。

从枪、线物理连接到供电设备电能输出，再到充电结束，慢速充电连接控制时序如图 2-22 所示，国标将它分成了 9 个时序，这涵盖了上述的充电整个过程。

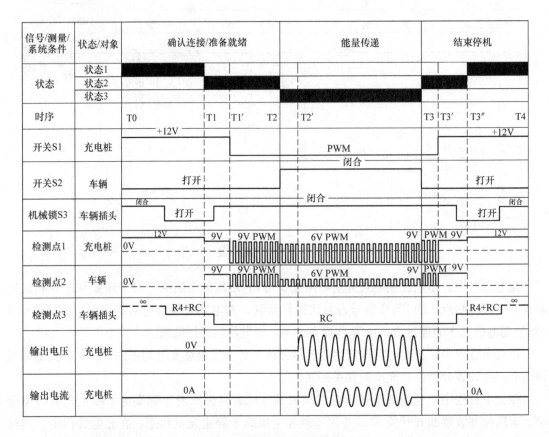

图 2-22 慢速充电连接控制时序

2.4 充电过程中充电桩与车辆相关部件的控制与通信

充电过程中充电桩与车辆相关部件的控制与通信见表 2-6。

表 2-6 充电过程中充电桩与车辆相关部件的控制与通信

充电阶段	充电机的状态	整车的状态	充电桩的状态
慢充插枪阶段	(1) 充电机在插枪后被 CC 唤醒，由停机状态进入唤醒状态。开始检测 CC 电压值与 CP 占空比和电压峰值。 (2) 充电机通过检测 CC 电压值判断充电连接是否正常（未连接、半连接及全连接）	(1) 充电枪可靠连接，整车未上电。 (2) 整车未启动慢充模式状态机制	供电线缆与桩端可靠连接，供电设备将 S1 由 12V 切换至 PWM（占空比）波信号

(续)

充电阶段	充电机的状态	整车的状态	充电桩的状态
慢充唤醒	(1) 充电机判断 CP 电压值和占空比正常后进入充电需求判断状态。 (2) 唤醒整车控制器和数据采集终端（12V 高有效）；向整车控制器传递 CC 电压信号；告知整车控制器充电连接状态 (3) 等待整车控制器的充电需求指令	(1) 整车控制器被唤醒，慢充模式状态机制进入初始化状态 (2) 慢充模式状态机制初始化完成，进入低压供电状态，整车控制器唤醒 BMS 及 ICM 等控制器 (3) 整车控制器通过硬线点亮仪表充电指示灯	供电设备发送 PWM（占空比）波信号
整车控制器发送充电需求指令	充电机停留在充电需求判断状态，等待整车控制器的充电指令	(1) 慢充模式状态机制进入低压自检状态，整车控制器根据 BMS 充电策略判定电池加热需求及充电需求，通过 CAN 总线向充电机发送充电需求指令。 (2) 在低压自检状态等待充电机反馈"充电待机"状态	供电设备发送 PWM（占空比）波信号
充电机 AC 检测	(1) 充电机收到整车控制器充电需求指令后进入 AC 检测状态。 (2) 闭合 S2 继电器，开始检测 AC 供电	慢充模式状态机制停留在低压自检状态，整车控制器等待充电机反馈"充电待机"状态	供电设备在用户鉴权完毕后，检测 CP 电压下降到 6V（S2 继电器闭合），闭合 K1、K2 继电器，交流接通
充电机进入"充电待机"	充电机检测到 AC 供电正常后，进入充电待机状态	整车控制器在慢充模式状态机制低压自检状态，收到充电机反馈的工作状态后，判断动力蓄电池加热/预热需求： (1) 需要预热，引导慢充模式状态机制从低压自检状态进入到动力蓄电池保温状态，进入预热。（需要加热）慢充模式状态机制从低压自检状态进入动力蓄电池保温状态。 (2) 无需预热，引导慢充模式状态机制从低压自检状态进入到远程慢充模式/立即慢充模式，跳过加热环节，直接进入预热完成。（无需加热）慢充模式状态机制从低压自检状态进入到远程慢充模式/立即慢充模式	供电设备持续检测 CC 与 CP，保持 AC 供电
预热	(1) 充电机在慢充模式状态机制电池保温状态，接收整车控制器指令，执行完对负载预充电后进入"电源模式"。 (2) 充电机进入充电工作模式	(1) 慢充模式状态机制进入电池保温状态，整车控制器向充电机发送"电源模式"工作指令。 (2) 整车控制器接收充电机反馈"电源模式"后引导慢充模式状态机制进入保温状态。 (3) 整车控制器在慢充模式状态机制保温状态发送电池加热 PTC 使能、最大允许充电电压及电流指令，控制预热过程，并判断预热截止。 (4) BMS 在慢充模式状态机制保温状态控制 PTC 开启加热。慢充模式状态机制先进入电池保温模式，然后稳定在保温状态	供电设备持续检测 CC 与 CP，保持 AC 供电

(续)

充电阶段	充电机的状态	整车的状态	充电桩的状态
预热完成	充电机在慢充模式状态机制加热状态,接收整车控制器指令进入"充电待机状态"	(1) 整车控制器判断 PTC 加热需求 = 0,慢充模式状态机制从保温状态进入加热状态。(低于5℃进入加热状态,进入加热状态以后电池闭合加热继电器,加热到10℃以上再退回到保温状态,同时加热继电器断开) (2) 整车控制器在慢充模式状态机制加热状态向充电机发送"充电待机"工作指令,然后引导慢充模式状态机制进入远程慢充模式/立即慢充模式。(在慢充模式中,加热模式依蓄电池组温度分为三种加热状态:①只加热不充电,②边加热边充电,③不加热只充电)	供电设备持续检测 CC 与 CP,保持 AC 供电
充电	(1) 充电机在慢充模式状态机制(远程慢充模式/立即慢充模式)接收整车控制器指令进入"充电模式"。 (2) 充电模式下,充电机执行整车控制器充电电压和充电电流指令。充电机进入充电工作状态(恒流充电/恒压充电)	(1) 慢充模式状态机制进入,整车控制器向充电机发送"充电模式"指令。 (2) 整车控制器根据 BMS 充电策略控制充电过程,包括最高允许电压及电流指令,充电截止判断,SOC 修正指令。 (3) BMS 执行动作:①向 EVCANBUS 发送当前电池状态。 ② 冗余保护(在单体过压、充电电流异常、温升过快等情况下断开正极继电器)。 ③ 执行 SOC 修正。 慢充模式状态机制稳定在(远程慢充模式/立即慢充模式)	供电设备持续检测 CC 与 CP,保持 AC 供电
充电结束	充电机在慢充模式状态机制慢充结束状态接收整车控制器指令进入"充电待机"	(1) VCU 判断充电截止后,引导慢充模式状态机制由远程慢充模式/立即慢充模式进入高压掉电检测状态。 (2) 整车控制器在慢充模式状态机制慢充结束状态向充电机发送"充电待机"指令。 注:慢充模式状态机制进入到高压掉电检测状态后,整车控制器还会判断电池是否有加热需求: ① 若有加热需求,则引导慢充模式状态机制到电池保温状态,进入保温阶段。 ② 若无加热需求,则引导慢充模式状态机制到整车控制器掉电状态,直接进入保温结束	供电设备持续检测 CC 与 CP,保持 AC 供电

（续）

充电阶段		充电机的状态	整车的状态	充电桩的状态
保温		充电机在慢充模式状态机制电池保温状态，接收整车控制器指令，执行对负载预充电后进入"电源模式"，并反馈给整车控制器	（1）整车控制器 1）判断电池加热PTC开启需求=1，慢充模式状态机制由高压掉电检测状态进入电池保温状态。 2）在慢充模式状态机制电池保温状态向充电机发送"电源模式"指令。 3）收到充电机"电源模式"反馈后引导慢充模式状态机制进入电池加热状态。 4）在慢充模式状态机制电池加热状态发送电池加热PTC使能、最高允许充电电压及电流指令，控制保温过程。 5）判断加热截止。 6）保温时间计时（不超过6h）。 （2）BMS在慢充模式状态机制电池加热状态控制PTC开启加热。慢充模式状态机制从高压掉电检测状态进入到电池保温状态，然后稳定在电池加热状态	供电设备持续检测CC与CP，保持AC供电
保温结束		充电机在慢充模式状态机制电池加热状态接收整车控制器指令进入"充电待机"	整车控制器判断电池保温完毕（判断加热截止或计时已到），引导慢充模式状态机制由电池保温状态进入部件存档状态	供电设备持续检测CC与CP，保持AC供电
整车下电	保温结束后下电	充电机在慢充模式状态机制部件存档状态接收整车控制器指令进入"休眠/停机"	整车控制器引导慢充模式状态机制由部件存档状态进入整车控制器掉电状态	供电设备持续检测CC与CP： （1）充电机进入休眠：S2不断开，供电设备保持K1和K2闭合。 （2）充电机进入停机：S2断开，供电设备断开K1和K2
	充电结束后直接下电	充电机在慢充模式状态机制高压掉电检测状态接收整车控制器指令进入"休眠/停机"	整车控制器引导慢充模式状态机制，由高压掉电检测状态进入整车控制器掉电状态	供电设备持续检测CC与CP： （1）充电机进入休眠：S2不断开，供电设备保持K1和K2闭合。 （2）充电机进入停机：S2断开，供电设备断开K1和K2

本 章 小 结

1. 车载充电机采用高频开关电源技术，主要功能是将交流220V或380V转换为高压直流电给动力蓄电池进行充电,保证车辆正常行驶。同时车载充电机提供相应的保护功能,包括过电压、欠电压、过电流、欠电流等多种保护措施,当充电系统出现异常会及时停止充电,相对于传统工业电源,具有效率高、体积小、耐受恶劣工作环境等特点。车载充电机工作过程中需要协调充电桩、BMS、整车控制器部件。

2. 移动式交流充电桩由插头、功能盒、车辆接口及线缆组成。要求在电源侧使用相线、中性线和接地保护的导体;使用输入额定电压为单相 AC 220V、额定电流为 16A 的插座,其中插座应能符合 GB 2099.1—2008 和 GB 1002—2008 的要求。允许电压波动范围为额定电压的 ±15%,电网频率为 50Hz±1Hz。

3. 固定式交流充电桩内部结构包括主回路和二次回路。主回路输入断路器具备过载、短路和漏电保护功能;交流接触器控制电源的通断;插接器提供与纯电动汽车连接的充电接口,具备锁紧装置和防误操作功能。二次回路提供"启停"控制与"急停"操作;信号灯提供"待机""充电"与"充满"状态指示;交流智能电能表进行交流充电计量;人机交互设备则提供刷卡、充电方式设置与启停控制操作。

实训项目　车载充电系统检查

实训3　车载充电系统电路检修

1. 实训目标

掌握纯电动汽车慢充系统电路检查的流程。

2. 仪器和设备

1)防护装备:安全防护用具。

2)车辆:北汽新能源 EU260。

3)专用工具、设备:充电模式4充电桩、危险警示牌、隔离围挡、车轮挡块、万用表、测量探针。

3. 安全操作注意事项

1)请勿不戴防护用具直接用手触摸携带高压警告标识的部位。

2)启动充电前,必须确认行、驻车制动功能可靠;车辆处于 P 位或 OFF 档,拉紧驻车制动(手刹5齿)并设车轮挡块。

3)使用充电设备时,需佩戴绝缘手套。

4. 操作过程

(1)慢充口检查(表2-7)

表2-7　慢充口检查

序号	端子号及项目	标准	实测	性能判定
1	CC 与 PE 电压	5.7V	V	
2	PE 与车身搭铁电阻值	<0.5Ω	Ω	

(2)高压安全断电　高压安全断电流程如实训2所示。

(3)测量交流慢充口端子及其到 PEU 交流慢充插接器对应端子阻值　PEU 交流慢充插接器端子布置如图2-23所示,其阻值测量结果填入表2-8中。

第 2 章 交流充电技术

图 2-23 PEU 交流慢充插接器端子布置

表 2-8 交流慢充口端子及其到 PEU 交流慢充插接器线束检查

序号	慢充口	PEU 慢充线束插接器端子号	标准	实测	性能判定
1	CC	CC	<0.5Ω		
2	CP	CP	<0.5Ω		
3	PE	PE	<0.5Ω		
4	L	L	<0.5Ω		
5	N	N	<0.5Ω		
6	CP 与 PE	—	∞		
7	L 与 PE	—	∞		
8	N 与 PE	—	∞		
9	L 与 N	—	∞		

（4）慢充系统相关电路检查　EU260 慢充系统如图 2-24 所示。PEU 充电机插接器如图 2-25 所示。VCU 插接器如图 2-26 和图 2-27 所示。其检查结果填入表 2-9 中。

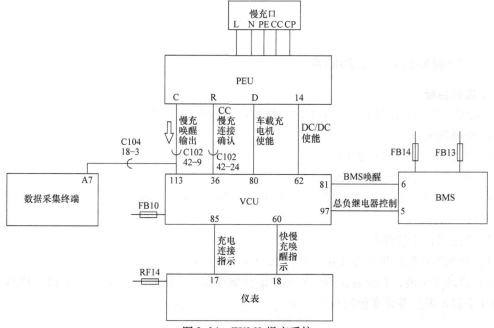

图 2-24 EU260 慢充系统

表 2-9　慢充系统相关电路检查

序号	线路功能	部件名称及端子号	部件名称及端子号	标准	实测	性能判定
1	慢充唤醒输出	PEU 充电机线束 – C	VCU – 113	<0.5Ω		
2	慢充连接确认	PEU 充电机线束 – R	VCU – 36	<0.5Ω		
3	车载充电机使能	PEU 充电机线束 – D	VCU – 80	<0.5Ω		
4	DC/DC 使能	PEU35 针插接器 – 14	VCU – 62	<0.5Ω		
5	BMS 唤醒	BMS – 6	VCU – 81	<0.5Ω		
6	总负继电器控制	BMS – 5	VCU – 97	<0.5Ω		

图 2-25　PEU 充电机插接器

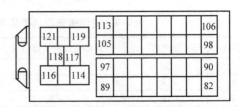

图 2-26　VCU 插接器（82 – 121）

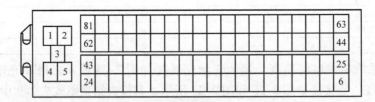

图 2-27　VCU 插接器（1 – 81）

实训 4　控制导引电路波形测量

1. 实训目标

掌握控制导引电路波形的测量方法并能够对其性能进行判断。

2. 仪器和设备

1）防护装备：安全防护用具。

2）车辆：北汽新能源 EU260。

3）专用工具、设备：充电模式 3 充电桩、危险警示牌、隔离围挡、车轮挡块、万用表、测量探针、示波器。

3. 安全操作注意事项

1）请勿不戴防护用具直接用手触摸携带高压警告标识的部位。

2）启动充电前，必须确认行、驻车制动功能可靠；车辆处于 P 位或 OFF 档，拉紧驻车制动（手刹 5 齿）并设车轮挡块。

4. 操作过程

1）高压安全断电。
2）从 PEU 交流慢充插接器 CP 线束侧引出测量探针。
3）测量探针与交流慢充插接器 CP 端子电阻值, 应当小于 0.5Ω。
4）恢复交流慢充插接器。
5）恢复 PEU 插接器及蓄电池附件接线柱。
6）设置示波器, 连接示波器探针与 CP 端子引出探针。
7）使用模式 3 充电桩对车辆进行充电。
8）测量绘制波形, 进行判定, 如图 2-28 为 CP 端子标准波形。

图 2-28　CP 端子标准波形

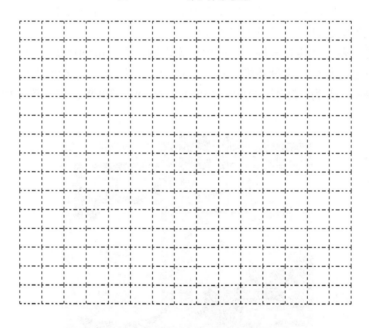

第 3 章 直流充电技术

3.1 直流充电桩结构原理与功能元器件

快速充电桩与慢速充电桩的不同在于快速充电桩代替了车载充电机的作用。由于快充充电功率大,对应的元器件体积大、价格高,配备在车上会造成成本大幅上升并且整车布置困难,且由于快充充电时间短,设备周转率较高,因此目前快充充电桩集成了充电机的作用,直接将高压直流电源通过快充接口连接到车辆。

直流充电桩大多为公共充电桩,一般由国家电网、南方电网这类电力企业和特来电、星星充电之类充电桩运营企业建设并维护经营。如图 3-1 所示。直流桩接入的是 380V 三相电压,常见的功率一般为 15kW、30kW、45kW、60kW、90kW、120kW、180kW、240kW、360kW 等。

图 3-1 直流充电桩

3.1.1 直流充电桩结构与控制原理

直流充电安全保护系统基本方案的示意图如图 3-2 所示,包括非车载充电机控制器,电阻 R1、R2、R3、R4、R5,开关 S,直流供电回路接触器 K1 和 K2,低压辅助供电回路(电压:$12V \times (1 \pm 5\%)$,电流 10A)、接触器 K3 和 K4,充电回路接触器 K5 和 K6 以及车辆控制器,其中车辆控制器可以集成在电池管理系统中。电阻 R2 和 R3 连接在车辆插头上,电阻 R4 连接在车辆插座上。开关 S 为车辆插头的内部常闭开关,当车辆插头与车辆插座完全连接后,开关 S 闭合。在整个充电过程中,非车载充电机控制器应能监测接触器 K1、K2、K3、K4。电动汽车车辆控制器应能检测接触器 K5 和 K6 状态并控制其接通及关断。

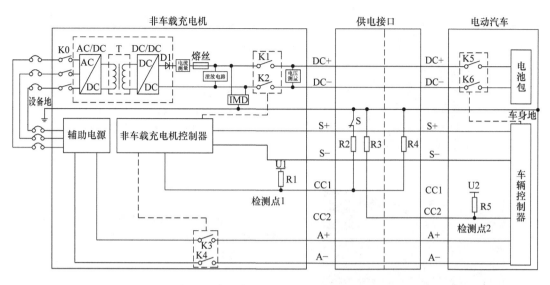

图 3-2 直流充电安全保护系统基本方案

3.1.2 直流充电桩主要电气元件功能

直流充电桩主要电气元件功能见表 3-1。

表 3-1 直流充电桩主要电气元件功能

序号	部件图形	名称	作用
1		剩余电流动作保护器	俗称漏电保护器，在规定条件下，当剩余电流达到或超过给定值时，能自动断开电路的机械开关电器或组合电器。交流供电设备的剩余电流保护器宜采用 A 型或 B 型，符合 GB 14048.2—2008、GB 16916.1—2014 和 GB 22794—2008 的相关要求，应具备防故障电流的保护措施（B 型的剩余电流保护器，或 A 型的剩余电流保护器，或满足符合 A 型剩余电流保护功能的相关装置）
2		浪涌保护器	又叫防雷器，是为设备提供安全防护的电子装置。当电气回路中因外界的干扰突然产生尖峰电流或者电压时，浪涌保护器能在极短的时间内导通分流，从而避免浪涌对回路中其他设备的损害
3		空气开关	又称空气断路器，当线路中的负载电流超过整定电流时就会自动断开的开关。空气开关是低压配电网络和电力拖动系统中非常重要的保护电器，它集控制和多种保护功能于一身，除能完成接触和分断电路外，还能对电路或电气设备引发的短路、严重过载及欠电压等进行保护。为了保护计费系统不受断电掉闸影响，部分桩仅作为保护桩内高压回路使用

（续）

序号	部件图形	名称	作用
4		绝缘监测仪	绝缘监测仪是在线监测充电系统中正、负母线对地绝缘电阻值的装置，同时还能监测充电侧的直流电压，起到了保护人身和设备安全的作用
5		泄放模块	放电（泄放）电阻，在充电系统中用于在规定的1s内降至A类电压，仅用作放电（握手阶段和结束阶段）
6		直流接触器	在 GB/T 27930—2015 中被称为继电器。主触头由驱动线圈回路控制，来实现主回路的接通、分断，具备耐高电压大电流的能力
7		直流熔断器	半导体熔断体（保护半导体设备部分范围分段能力的熔断体），俗称保险丝。位于桩内直流源与枪线之间，主要用作过电流和短路保护
8		读卡器	客户可通过磁卡感应区来实现刷卡启动或结束充电、完成计费
9		急停开关	充电机工作状态下，遇紧急情况可按下急停开关实现人为停止设备运行。按下急停开关后可触发充电桩报故障，有部分充电桩将急停开关串入到桩内总闸脱扣线圈回路中，一旦动作，需要现场人工合闸方可恢复

（续）

序号	部件图形	名称	作用
10		电能计量装置	分为交流电能计量表和直流电能计量表，是分别计量充电桩交流侧和直流侧的计量装置
11		直流源模块	高频直流电源，输出的电压和电流可随负载需求进行调节，是直流桩重要部件之一
12		低压辅助电源	直流电源，K3、K4吸合之后输出12V的直流电给BMS供电

3.1.3 直流耦合器（快充插接口）端子定义

直流耦合器是快充枪与车身连接的输电接口，直流充电桩的高压直流电通过该装置为动力蓄电池充电，图 3-3 所示为我国标准直流充电口，另有欧洲标准、美国 SAE 标准和日本标准，本章节中主要介绍我国标准。直流耦合器分布于车端和枪端，名为供电接口和车辆接口，各接口分别为 9 针（孔）。标准直流充电口端子定义及功能见表 3-2。

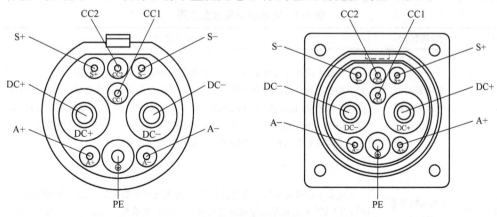

图 3-3　标准直流充电口

表 3-2　标准直流充电口端子定义及功能

端子号	功　能
DC −	直流电源负极
DC +	直流电源正极
PE	车身地（搭铁）
A −	低压辅助电源负极
A +	低压辅助电源正极
CC1	充电连接确认
CC2	充电连接确认
S +	充电通信 CAN − H
S −	充电通信 CAN − L

3.2　直流充电桩充电流程

GB/T 18487.1—2015 将充电流程分为：物理连接完成、低压辅助上电、充电握手阶段、充电参数配置阶段、充电阶段、充电结束阶段，充电总体流程如图 3-4 所示，在各个阶段，充电机和 BMS 如果在规定的时间内没有收到对方报文或者没有收到正确报文，即判断为超时（超时指在规定时间内没有收到对方的完整数据包或正确数据包），超时时间除特殊规定外，均为 5s。当出现超时后，BMS 或充电机发送错误报文，并进入错误处理状态。在对故障处理的过程中，根据故障的类别，分别进行不同的处理。在充电结束阶段中，如果出现了故障，直接结束充电流程。

在整个充电流程中，充电桩与 BMS 在不同的阶段所交互的通信报文各有其功能，国标对其分类见表 3-3。

图 3-4　充电总体流程

表 3-3　充电各阶段报文作用

序号	阶段名称	报文作用
1	低压辅助上电及充电握手阶段	充电握手阶段分为握手启动阶段和握手辨识阶段，当充电机和 BMS 物理连接完成并上电后，开启低压辅助电源，进入握手启动阶段发送握手报文，再进行绝缘监测。绝缘监测结束后进入握手辨识阶段，双方发送辨识报文，确定电池和充电机的必要信息。CHM（充电机握手）和 BHM（车辆握手）是为产品兼容的新增报文，用于在握手启动阶段充电机和 BMS 判断双方使用的标准版本
2	充电参数配置阶段	充电握手阶段完成后，充电机和 BMS 进入充电参数配置阶段。在此阶段，充电机向 BMS 发送充电机最大输出能力的报文，BMS 根据充电机最大输出能力判断是否能够进行充电

(续)

序号	阶段名称	报文作用
3	充电阶段	充电配置阶段完成后,充电机和BMS进入充电阶段。在整个充电阶段,BMS实时向充电机发送电池充电需求,充电机根据电池充电需求来调整充电电压和充电电流以保证充电过程正常进行。在充电过程中,充电机和BMS相互发送各自的充电状态。除此之外,BMS根据要求向充电机发送动力蓄电池具体状态信息及电压、温度等信息。BMV(单体动力电池电压)、BMT(动力蓄电池温度)、BSP(动力蓄电池预留)为可选报告,充电机不对其进行报文超时判定。 BMS根据充电过程是否正常、电池状态是否达到BMS自身设定的充电结束条件以及是否收到充电机中止充电报文(包括具体中止原因、报文参数值全为0和不可信状态)来判断是否结束充电;充电机根据是否收到停止充电指令、充电过程是否正常、是否达到人为设定的充电参数值,或者是否收到BMS中止充电报文(包括具体中止原因、报文参数值全为0和不可信状态)来判断是否结束充电
4	充电结束阶段	当充电机和BMS停止充电后,双方进入充电结束阶段。在此阶段,BMS向充电机发送整个充电过程中的充电统计数据,包括:初始SOC、终了SOC、电池最低电压和最高电压;充电机收到BMS的充电统计数据后,向BMS发送整个充电过程中的输出电量、累计充电时间等信息,最后停止低压辅助电源的输出

3.2.1 供电接口与车辆接口的物理连接过程

电动车辆直流充电时,物理连接完成是实现充电的第一步。较多的充电故障是在物理连接或参数配置阶段出现问题从而导致无法充电或充电启动失败。

1)充电枪自然状态:S开关闭合、未插入充电插座中的CC1,经R2、S开关与Pe构成回路。

此时非车载充电机控制器检测点1的电压为6V,如图3-5所示。

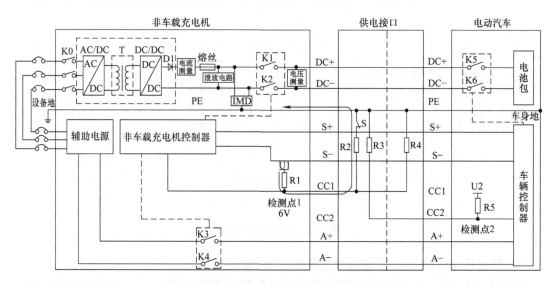

图3-5 充电枪自然状态未插入充电插座

2)物理连接阶段1:S开关断开、未插入充电插座(捏枪)。

此时非车载充电机控制器检测点1的电压为12V,如图3-6所示。

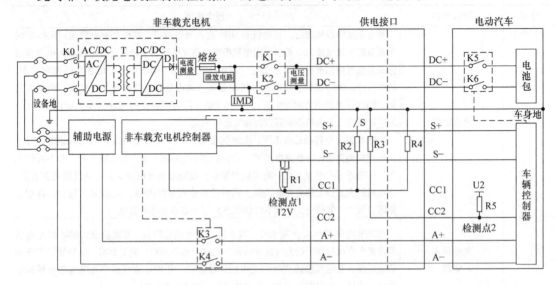

图3-6 物理连接阶段1

3)物理连接阶段2：S开关断开、插入充电插座（捏着插枪）。

此时CC1回路经过车辆侧的R4电阻（1kΩ）经Pe构成回路，非车载充电机控制器检测点1的电压为6V。车辆检测点2的CC2回路串R3电阻（1kΩ）经Pe构成回路，车辆控制器检测点2的电压为6V，如图3-7所示。

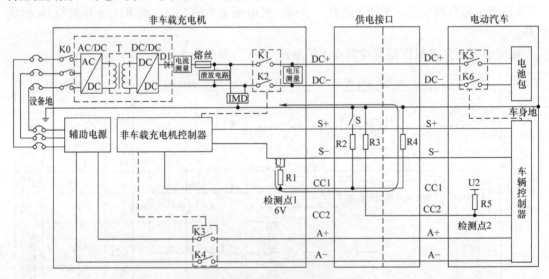

图3-7 物理连接阶段2

4)物理连接阶段3：S开关闭合、充电枪完全连接，电子锁动作（插入松手）

如图3-8所示，非车载充电机控制装置通过测量检测点1的电压值判断车辆插头与车辆插座是否已完全连接，当检测点1的电压值为4V时，则判断车辆接口完全连接。此时车辆控制器检测点2的电压为6V，判断已经连接。此时双方均已确认接口完全连接，电子锁锁定，车辆应国标要求应处于不可行驶状态。

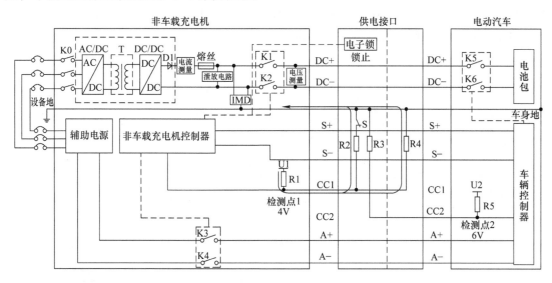

图 3-8 物理连接阶段 3

3.2.2 低压辅助上电过程

1. 低压辅助上电过程

1）充电握手阶段：辅助电源闭合。

在车辆接口完全连接后，闭合 K3 和 K4，使低压辅助供电回路导通。充电机启动握手报文。充电机闭合绝缘检测开关，启动绝缘检测，如图 3-9 所示。

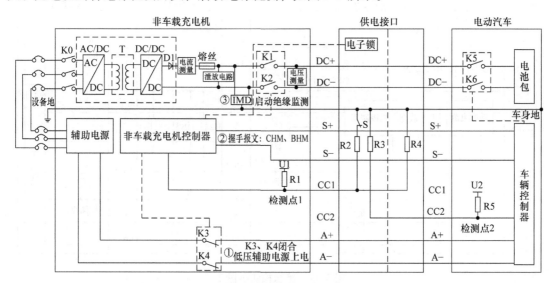

图 3-9 充电握手阶段

2）绝缘检测阶段 1：检测是否满足绝缘要求。

如图 3-10 所示，闭合 K1 和 K2，进行绝缘检测。绝缘检测时的输出电压应为车辆通信握手报文内的最高允许充电总电压和供电设备额定电压中的较小值。当绝缘电阻值 $R>500\Omega/V$ 时，为合格；当 $100\Omega/V<R<500\Omega/V$ 值时，进行绝缘异常报警但仍可充电；当 $R<100\Omega/V$ 时，视为绝缘故障，应停止充电。

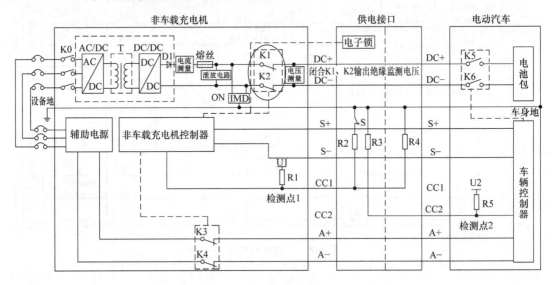

图 3-10 绝缘检测阶段 1

3) 绝缘检测阶段 2：泄放能量。

检测绝缘结束，断开绝缘检测电路开关。泄放电路开关闭合，启动泄放电路，如图 3-11 所示。

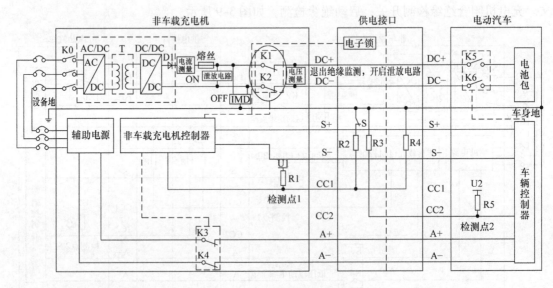

图 3-11 绝缘检测阶段 2

4) 辨识阶段：充电桩与车辆 BMS 互相辨识。

残余电压泄放完毕后退出泄放电路，断开 K1 和 K2 接触器，同时开始周期发送通信握手报文，如图 3-12 所示。

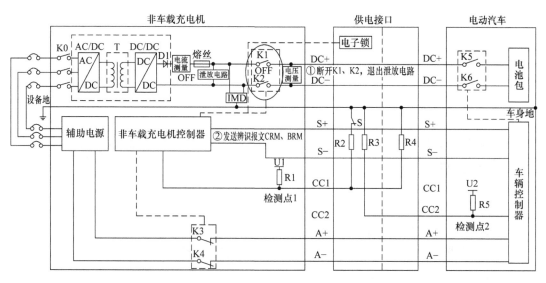

图 3-12 辨识阶段

2. 充电握手流程分析

充电握手阶段分为握手启动和握手辨识两个阶段,充电握手启动流程如图 3-13 所示,充电握手辨识流程如图 3-14 所示,各阶段的流程分析见表 3-4。

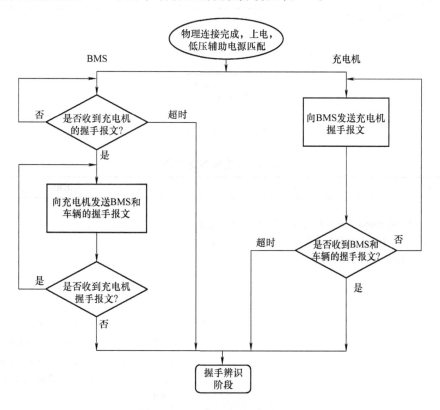

图 3-13 充电握手启动流程

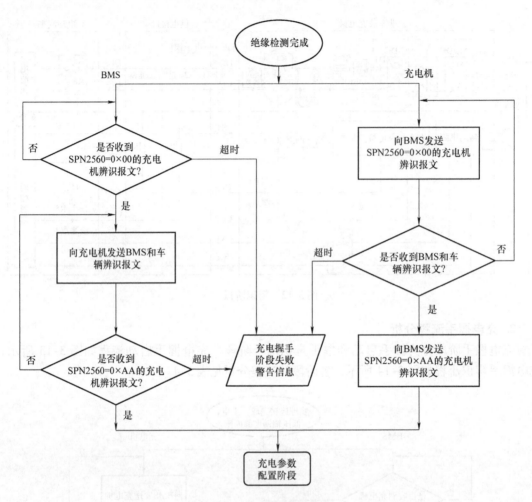

图 3-14 充电握手辨识流程

表 3-4 充电握手流程分析

过程阶段	序号	充电机	BMS
握手启动阶段	1	每250ms由充电机向BMS发送CHM（充电机握手）报文，帧数据所载内容是充电机的通信协议版本号	
	2		BMS首先判断是否收到CHM、是否超时（大于5s即判超时）。正常状态下BMS自收到CHM起每250ms向充电机返回BHM（车辆握手）报文，帧数据所载内容为BMS最高允许充电总电压

（续）

过程阶段	序号	充电机	BMS
握手启动阶段	3	充电机首先判断是否收到 BHM、是否超时（大于 5s 即判超时）。正常状态下充电机在接收到 BHM 之后将检测 K1、K2 接触器，并判断接触器外侧的电压是否小于 10V（DC），当此条件判断不成立即报 2 级故障走下电程序，如条件成立将进入绝缘检测环节	
	4	绝缘检测：此时，非车载充电机控制器投入绝缘检测模块，闭合 K1、K2 并输出绝缘校验用的电压，用来检测充电机到 K5、K6 接触器之前这一段的绝缘状态。检测合格后停止输出检测电压并退出绝缘监测模块	
	5	电压泄放：此时，非车载充电机控制器投入电压泄放模块，将 K1、K2 接触器以外的电压泄放至 60V（DC）以下，检测条件成立之后退出电压泄放模块，并断开 K1、K2 接触器。如 5s 之内检测条件不成立，则报 1 级故障，走下电程序	
握手辨识阶段	6	充电机停止发送 CHM，改发 CRM（充电机辨识）报文，帧数据所载内容是充电机的辨识结果和桩号信息	
	7		BMS 首先判断是否收到 CRM（充电机辨识）、是否超时（自收到 CHM 起 30s 即判超时）。正常状态下 BMS 停发 BHM，并每 250ms 向充电机返回 BRM（BMS 和车辆辨识）多帧报文，帧数据所载内容较多，详见表 3-18
	8	此时充电机首先判断是否收到 BRM、是否超时（自初次发送 BRM 起 5s 即判超时），如条件不成立，则报 3 级故障走下电程序；如条件成立，则发送 CRM（充电机辨识）报文，帧数据所载内容是充电机辨识结果和桩号信息，其中辨识结果为 AA，即为 BMS 能辨识	
	9		此时 BMS 首先判断是否收到 CRM、是否超时（自初次发送 CRM 起 5s 即判超时）。正常状态下充电机和 BMS 将进入充电参数配置阶段

3.2.3 直流充电桩与动力蓄电池的充电参数配置过程

当充电机和 BMS 进入参数配置阶段时，双方的主要目的就是在本阶段中能够闭合各自的接触器，使直流供电回路导通。参数配置过程所遵循的时序和接触器闭合的条件在本节做出过程分析，其中包含了报文发送、接收、超时判断的知识内容。充电参数配置阶段流程如图 3-15 所示，过程分析见表 3-5。

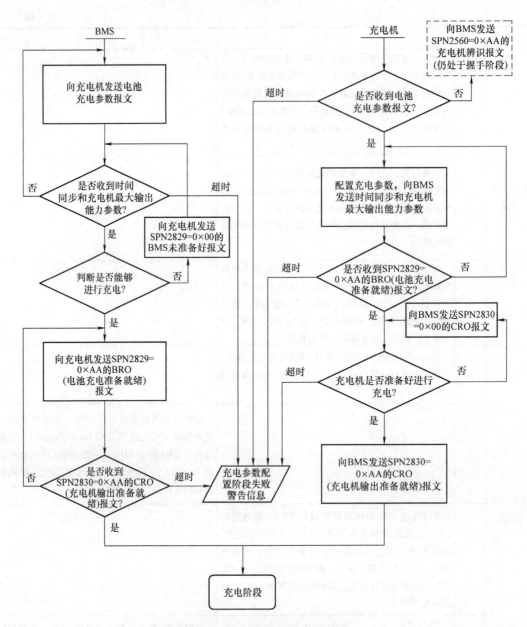

图 3-15 充电参数配置阶段流程

表 3-5 充电参数配置阶段流程分析

序号	充电机	BMS
1		此时 BMS 首先判断是否收到 CRM（充电机辨识）、是否超时（自初次发送 CRM 起 5s 即判超时）。正常状态下 BMS 停发 BRM（BMS 和车辆辨识），并每 500ms 向充电机定期发送 BCP（动力蓄电池充电参数）报文，帧数据所载内容包含了电池允许充电电压、电流、容量、温度、SOC 等信息

（续）

序号	充电机	BMS
2	此时充电机首先判断是否收到 BCP、是否超时（自初次发送 0×AA 的 CRM 起 5s 即判超时），如条件不成立则报 3 级故障走下电程序；正常状态下充电机停发 CRM，判断 BCP 所载参数是否相匹配，如不匹配则报 3 级故障走下电程序；如匹配则向 BMS 定期发送 CTS（时间同步信息）报文和 CML（充电机最大输出能力）报文。其中 CTS 报文就是与 BMS 作时间同步处理，发送周期为 500ms；CML 帧数据所载内容包含充电机最大、最小输出电压和最大、最小输出电流的能力，发送周期为 250ms	
3		此时，BMS 停发 BCP，并每 250ms 向充电机返回 BRO（电池充电准备就绪状态）报文，帧数据所载内容为 AA 或 00，在 BMS 未做完后续的绝缘检查之前为 00，即 BMS 未做好充电准备
4		BMS 开始判断 CML 所载参数是否相匹配，如不匹配则报 3 级故障走下电程序；如匹配则闭合车辆的 K5 和 K6 接触器、开启绝缘校验。合格后将每 250ms 向充电机发送 BRO = 0×AA 的报文，即 BMS 完成充电准备
5	此时充电机首先判断是否收到 BRO = 0×AA 的报文、是否超时（自开始发送 CTS、CML、CRO 起 5s 未收到 BRO 或者在 60s 内未收到 BRO = 0×AA 即判超时），如超时则报 3 级故障走下电程序，如正常则停止发送 CTS 和 CML 报文，并每 250ms 向 BMS 定期发送 CRO（充电机输出准备就绪）报文，帧数据所载内容为 AA 或 00，在没有做完后续的 DC 外电压检测等工作之前此帧数据为 00，即充电机未完成充电准备	
6	充电机开始确认 K1、K2 接触器外侧的电压是否正常：实测动力蓄电池的电压和报文数据给的电压之间相差要 ≤±5%，并且为充电机最大和最小输出范围内判为正常。如不正常报 2 级故障走下电程序	
7	进入预充环节，充电机依据动力蓄电池电压作出输出调整，其输出电压值应略小于动力蓄电池当前电压（1~10V）。之后闭合 K1、K2 接触器。此部分工作的完成即代表充电机已经完成了充电准备工作，所以此时会向 BMS 发送 CRO（充电机输出准备就绪）= 0×AA 的报文，即充电机完成充电准备	
8		此时 BMS 首先判断是否收到 CRO 报文、是否超时（自开始发送 0×AA 的 BRO 起 5s 未收到 CRO 或者是 60s 内未收到 CRO = 0×AA 即判超时），如超时则报 3 级故障走下电程序，如正常则停止发送 BRO 报文，进入充电阶段

3.2.4 直流充电桩与动力蓄电池的充电过程

在充电阶段中,由充电机和 BMS 交互充电报文。BMS 实时地将动力蓄电池的充电需求和当前内部电压、电流、温度、SOC 等数据以报文的形式通知充电机,充电机也将实时回复 BMS,并进行输出调整。报文中的 BMV、BMT、BSP 为可选项(国标并未将其规定为必须项,现在大多数厂家未向协议里写),充电机不对其进行超时判定。在充电过程中,充电机和 BMS 也将互相判断是否达到充电结束条件或中止条件。充电阶段流程如图 3-16 所示。

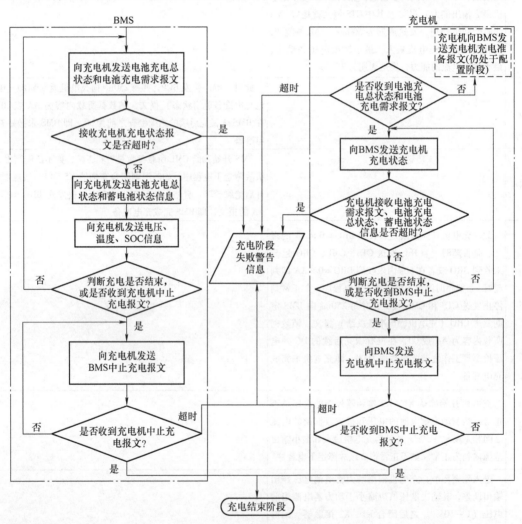

图 3-16 充电阶段流程

1. 充电过程

1)充电阶段 1:开始充电。

正常充电时,在 CAN 线上 BMS 发送 BCL(电池充电需求)、BCS(电池充电总状态)、BSM(动力蓄电池状态信息)、BMV(单体动力蓄电池电压)、BMT(动力蓄电池温度)、BSP(动力蓄电池预留);充电机发送 CCS(充电机充电状态信息)等报文。BCL 和 CCS 为主要交互报文，BCL 就是 BMS 向充电机提出充电的需求，CCS 就是充电机回复 BMS 当前输出的状态值，两帧报文发送周期均为 50ms，如图 3-17 所示。

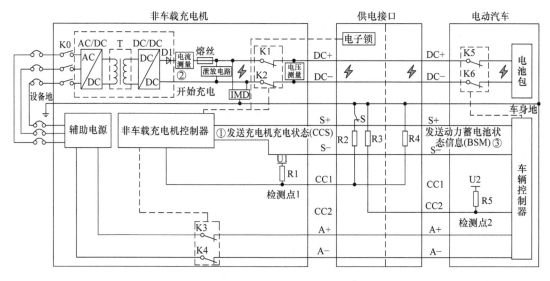

图 3-17　充电阶段 1

2）充电阶段 2：充电中止。

在充电过程中，当充电机和 BMS 任一方判断达到停止充电的条件时，首先发送中止报文随即停止充电。此阶段又分为充电结束和充电中止，正常条件下停止为充电结束，非正常条件下停止为充电中止。

在正常充电的过程中，充电机和 BMS 之间随时都在判断是否达到了停止充电的条件，当任一方判断达到了停止条件均以报文的方式通知对方，然后引导下电。中止报文为 BST（BMS 中止充电）和 CST（充电机中止充电），标志着充电中止，进入结束阶段，如图 3-18 所示。

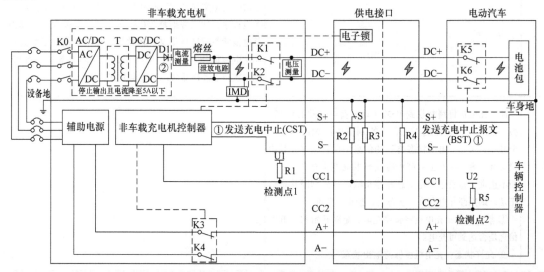

图 3-18　充电阶段 2

2. 充电阶段流程分析

充电阶段流程见表3-6。

表3-6 充电阶段流程分析

序号	充电机	BMS
1		自进入了充电阶段开始，首先由 BMS 向充电机发送 BCL（电池充电需求）和 BCS（电池充电总状态）报文。其中 BCL 发送周期为 50ms，BCS 发送周期为 250ms。BCL 报文所载内容为：电压需求、电流需求和充电模式。BCS 报文所载内容为：充电电压和电流的测量值、最高单体电压和组号、SOC、估算剩余充电时间。BCS 报文数据包含了较多的内容，其数据占用的字节长度较多所以称多帧报文，后续内容详解
2	此时充电机： ① 判断是否收到 BMS 发来的 BCL（电池充电需求）、BCS（电池充电总状态）报文。 ② 判断是否超时，其中：BCL 自上次收到报文起大于 1s 即判超时，BCS 自上次收到报文起大于 5s 即判超时。 ③ 如果未收到 BCL 和 BCS 或者判超时即报 3 级故障走下电程序，如果状态正常，充电机首先停止发送 CRO（充电机输出准备就绪状态）报文，每 50ms 发送 CCS（充电机充电状态）报文，所载内容为：电压与电流输出值、累计充电时间、充电允许状态。 注：通常情况下可以理解为：充电阶段中 BMS 为主动方，主动向充电机提出充电的需求。充电机相对被动，充电机在收到充电需求后会"按需"（电压、电流、恒压充电、恒流充电）调整输出	
3		此时 BMS 首先判断是否收到 CCS 报文、是否超时（自上次收到报文起 1s 即判超时），如超时则报 3 级故障走下电程序，如正常则每 250ms 向充电机发送 BSM（动力蓄电池状态信息）报文，帧数据所载内容包含了最高单体蓄电池电压、温度、采样点编号、动力蓄电池 SOC、绝缘状态、插接器状态、充电允许状态
4	此时充电机将判断收到 BSM（动力蓄电池状态信息）报文中的各状态值是否正常，特别需要注意的是：在 BSM 中，关于"电池状态类"的信息中项目较多，其中只要有任意一项不正常都将造成充电机停止充电。如判断不正常，将发送中止信息并停止输出；如判断状态值正常，则判断充电允许。状态值：禁止、允许。 ① 禁止状态：充电机将暂停充电，重新开始判断 BSM 信息是否达到可充电。 ② 允许状态：充电机将保持输出状态	

（续）

序号	充电机	BMS
5		此时 BMS 向充电机发送可选（BMV、BMT、BSP）报文，发送周期 10s。可选报文就是可有可没有（一般都没有），充电机也不会判其超时。 ① BMV（单体动力蓄电池电压）：多帧报文，数据所载内容是动力蓄电池中的每一个单体蓄电池的电压值。 ② BMT（动力蓄电池温度）：多帧报文，数据所载内容是动力蓄电池中的每一个温度采样点的温度值。 ③ BSP（动力蓄电池预留）：有可能是多帧报文（根据实际功能的数据字节长度来定），此报文为预留项，如无内容需填 FF，目的是能满足未来一些新增信息的写入
6	1）充电机和 BMS 在这一环节各自都在判断充电结束条件是否成立。 ① 充电机判断充电条件是否成立的条件为： a. 是否收到 BMS 发来的 BST（BMS 中止充电报文）； b. 是否达到了操作人员预先设定的充电停止条件； c. 操作人员做出了停止充电的处理，如按下按钮（点击了"停止充电"功能键）； d. 充电时序结束条件成立； ② BMS 判断充电条件是否成立的条件为： a. 是否收到充电机发来的 CST（充电机中止充电报文）； b. 动力蓄电池是否达到了充电停止条件（自然充满电、单体蓄电池已达充电截止电压等各种保护阈值）； c. 充电时序结束条件成立； 2）经过判断，如果上述充电结束条件没有成立，BMS 和充电机将各自引导充电流程，保持充电状态： ① 充电机将返回并继续之前的步骤：继续判断是否收到 BCL、BCS 报文、是否超时（如此往复、直至停机）； ② BMS 将返回并继续之前的步骤：继续向充电机发送 BCL、BCS 报文、是否超时（如此往复、直至停机）； 3）经过判断，如果上述充电结束条件已经成立，BMS 和充电机将各自引导充电流程，进入充电结束阶段： ① 充电机首先向 BMS 发送 CST（充电机中止充电报文），此时 BMS 在收到发来的 CST 之后回复 BST（BMS 中止充电报文），此时： a. 当充电机判断没有收到 BST 时，将重新判断充电结束条件是否成立； b. 当充电机判断收到 BST 时，会判断是否超时（自发送 CST 后 5s 即判超时），超时即进入电力输出停止处理环节，进入充电结束阶段；收到但不超时直接进入电力输出停止处理环节，进入充电结束阶段。 ② BMS 首先向充电机发送 BST（BMS 中止充电报文），此时充电机在收到发来的 BST 之后回复 CST（充电机中止充电报文），此时： a. 当 BMS 判断没有收到 CST 时将重新判断充电结束条件是否成立； b. 当 BMS 判断收到 CST 时会判断是否超时（自发送 BST 后 5s 即判超时），超时即停止发送 BST，进入充电结束阶段	

3.2.5 充电结束过程

当充电机和 BMS 停止充电（BST、CST 或达到设定的停止条件）后，双方进入充电结束阶段。在此阶段，BMS 向充电机发送 BSD（BMS 统计数据）报文；充电机收到 BSD 后向 BMS 回复 CSD（充电机统计数据）报文，之后开始断接触器、泄放、低压断电的工作，完成了整个充电流程，并为下一次充电做好准备。充电结束过程流程如图 3-19 所示。

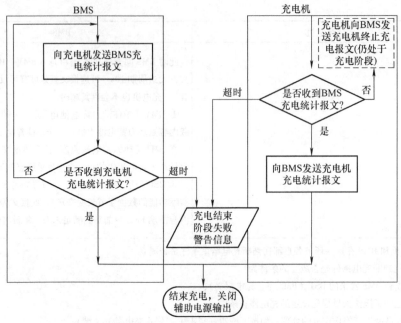

图 3-19　充电结束过程流程

1. 充电结束与充电中止

充电结束与充电中止见表 3-7。正常条件下充电结束如图 3-20 所示。第一步先断开非车载充电机的 K1、K2，同时车端的 K5、K6 断开；第二步泄放电路断开；第三步 K3、K4 断开；第四步是充电枪端电子锁解锁。

表 3-7　充电结束与充电中止

序号	项目	内　容
1	正常条件下充电结束	车辆控制器根据电池系统是否达到满充状态或是否收到 CST（充电机中止充电）来判断是否结束充电，在满足以上充电结束条件时，车辆控制器开始周期发送 BST（BMS 中止充电），在确认充电电流变为小于 5A 后断开 K5 和 K6。当达到操作人员设定的充电结束条件或收到 BST 后，非车载充电机控制器周期发送 CST（充电机中止充电），并控制充电机停止充电不小于 100A/s 的速率减小充电电流，当充电电流小于或等于 5A 时，断开 K1 和 K2。当操作人员实施了停止充电指令时，非车载充电机控制器开始周期发送 CST，并控制充电机停止充电，在确认充电电流变为小于 5A 后，断开 K1 和 K2，并再次投入泄放回路，然后再断开 K3、K4，如图 3-20 所示
2	非正常条件下充电中止	① 在充电过程中，如果非车载充电机出现不能继续充电的故障，则向车辆周期发送 CST，并控制充电机停止充电，应在 100ms 内断开 K1、K2、K3 和 K4
		② 在充电过程中，如果车辆出现不能继续充电的故障，则向非车载充电机发送 BST，并在 300ms（由车辆根据故障严重程度决定）内断开 K5 和 K6
		③ 在充电过程中，非车载充电机控制器如发生通信超时，则非车载充电机停止充电，应在 10s 内断开 K1、K2、K5、K6；非车载充电机控制装置发生 3 次通信超时，即确认通信中断，则非车载充电机停止充电，应在 10s 内断开 K1、K2、K3、K4、K5、K6
		④ 在充电过程中，非车载充电机控制器对检测点 1 的电压进行检测，如果判断开关 S 由闭合变为断开，应在 50ms 内将输出电流降至 5A 或以下
		⑤ 在充电过程中，非车载充电机控制器对检测点 1 的电压进行检测，如果判断车辆接口由完全连接变为断开，则控制非车载控制器停止充电，应在 100ms 内断开 K1、K2、K3 和 K4
		⑥ 在充电过程中，非车载充电机输出电压若大于车辆最高允许充电总电压，则非车载充电机应在 1s 内停止充电，并断开 K1、K2、K3 和 K4
		注：如果非车载充电机因严重故障结束充电，重新启动充电需要操作人员进行完整的充电启动设置

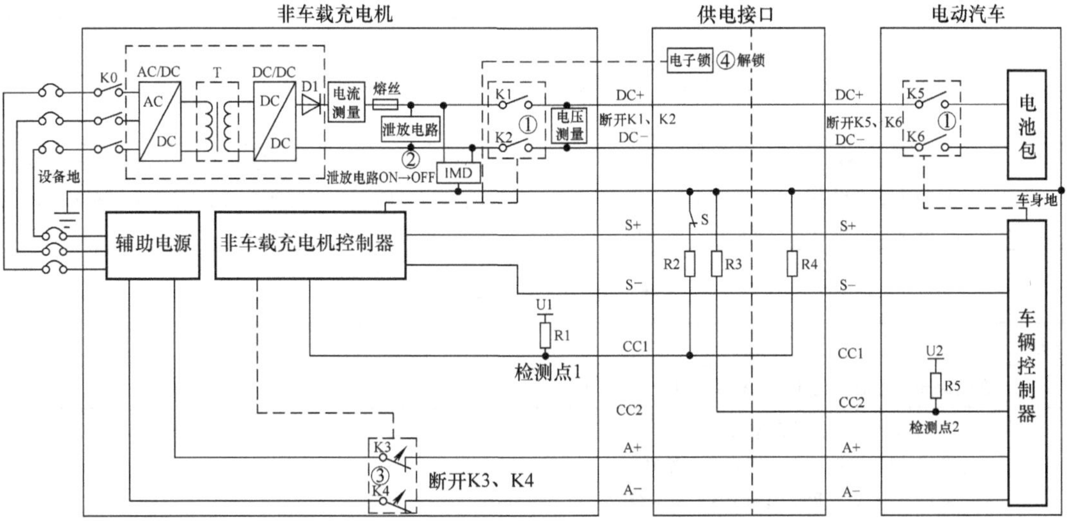

第3章 直流充电技术

图 3-20 正常条件下充电结束

2. 充电结束阶段流程分析

继在充电阶段停发 BST 之后，BMS 首先每 250ms 向充电机发送 BSD（BMS 统计数据）报文，帧数据所载内容：中止荷电状态 SOC%、动力蓄电池单体最低电压、动力蓄电池单体最高电压、动力蓄电池最低温度、动力蓄电池最高温度。

继在充电阶段停发 CST 之后，充电机首先每 250ms 向 BMS 发送 CSD（充电机统计数据）报文，帧数据所载内容：累计充电时间、输出能量、充电机编号信息。

当充电机与 BMS 互发统计报文（CSD、BSD）之后，双方各自进入引导下电的过程：

（1）充电机下电过程　充电机下电流程如图 3-21 所示。充电机下电过程说明见表 3-8。

（2）BMS 下电过程　BMS 下电流程如图 3-22 所示。BMS 下电过程说明见表 3-9。

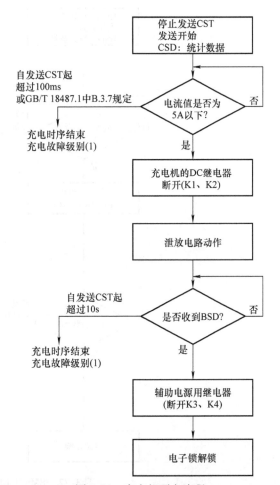

图 3-21 充电机下电流程

表3-8 充电机下电过程

序号	下电过程
1	以不小于100A/s的速率减小充电电流,当充电电流小于或等于5A时,断开K1和K2
2	投入泄放电路
3	判断是否收到BSD、是否超时:如未收到BSD将返回上一级重新开始判断;如判超时(自发送CST起超10s)报1级故障走下电程序;正常收到BSD后,断开K3、K4继电器(切断DC12V输出),同时枪端电子锁解锁,至此完结了充电结束阶段的全部动作,同时也为下一次充电做好了准备

表3-9 BMS下电过程

序号	下电过程
1	在确保充电电流变为小于5A后,断开K5和K6
2	判断是否收到CSD、是否超时: 如未收到CSD将返回上一级重新开始判断; 如判超时(自发送BST起超10s)报1级故障走下电程序; 正常收到CSD后,BMS引导进入系统休眠,至此完结了充电结束阶段的全部动作

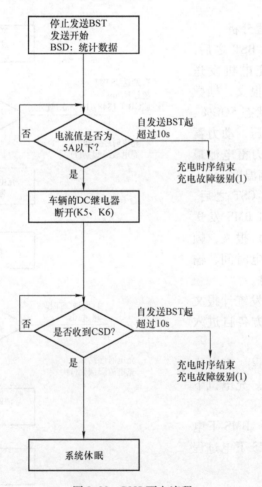

图3-22 BMS下电流程

3.3 充电报文截取和解析方法

3.3.1 充电报文截取及解析概述

1. 充电报文截取

依据 GB/T 27930—2015 总则 4.3 规定:"充电机与 BMS 之间的 CAN 通信网络应由充电机和 BMS 两个节点组成"。在应用报文采集操作中,可以在车辆与非车载充电机之间的 CAN 通信线路中来选择连接,具体位置根据车辆和充电桩实际的可操作位置来决定,也可在车辆 OBD 诊断接口处连接,有些车辆为了维修诊断已经在 OBD 诊断接口处预留了快充 CAN。

充电报文截取设备准备被充车辆、非车载充电机、电脑上位机、USBCAN 设备,如图 3-23 所示。在开始执行充电操作前,先将上位机电脑与 USBCAN 设备连接好,并将 CAN–H 和 CAN–L 分别对应连接于充电系统,如图 3-24 所示。打开上位机软件,根据国标要求:"充电机与 BMS 之间的通信速率采用 250kbit/s"来选择正确的通信速率,然后点击"启动 CAN 设备",即可在采集报文结束后保存报文,也可在启动 CAN 设备后就进行实时保存。桩端启动充电,上位机软件将接收并显示 CAN 报文。

图 3-23 USBCAN 设备

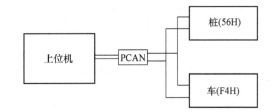

图 3-24 上位机与 USBCAN 设备的连接

2. 充电报文解析概述

关于报文解析的应用,是基于 GB/T 27930—2015(以下简称新国标)应用的。在新国标中,规定了通信和充电控制方式、CAN 总线上节点数量、多字节数据的发送方式等,即通信协议总则,见表 3-10。报文概述见表 3-11。

表 3-10 通信协议总则

序号	通信协议总则
1	充电机与 BMS 之间通信网络采用 CAN2.0B 通信协议
2	在充电过程中,充电机和 BMS 监测电压、电流和温度等参数,同时 BMS 管理整个充电过程
3	充电机与 BMS 之间的 CAN 通信网络应由充电机和 BMS 两个节点组成
4	本标准数据信息传输采用低字节先发送的格式
5	正的电流值代表放电,负的电流值代表充电
6	执行本标准的充电机和 BMS 宜具备向前兼容性

表 3-11 报文概述

序号	项目	内容
1	报文分类	新国标将充电总体流程分为六个阶段：物理连接完成、低压辅助上电、充电握手、充电参数配置、充电阶段和充电结束阶段，各阶段报文分类见表 3-12
2	报文说明	报文中的数据都是 16 进制代码，需按协议转换为十进制或二进制。在打开所截取的报文后，通过通信协议解读即可准确地还原充电机、动力蓄电池的工作状态，由此可迅速地定位故障，实现快速排故。注：报文是显示各电控部件的实时工作状态，以 ms 为单位进行滚动，因此需要保存下来进行解读
3	报文数据说明	报文都是 16 进制的代码，需按协议转换为相应的十进制或二进制来对应协议。当转换为二进制时需注意，1 个字节的 16 进制数代表 8 位二进制数，当转换结果不够 8 位时，需在左边加 0 补齐。 字节（B）：一个字节由八个二进制位构成，即（1B = 8bit），报文中的帧数据就大多由 8 个字节组成。 位（bit）表示二进制位，是计算机内部数据储存的最小单位，解读报文时将报文中的 16 进制的字节数转为二进制位，即可解读出报文含义
4	报文 ID 地址说明	在具体的应用中，帧 ID 高位代表源地址。国标中规定了 56 为非车载充电机、F4 为 BMS

表 3-12 充电各阶段报文分类

报文代号	报文描述	PGN（DEC）	PGN（HEX）	优先权	数据长度/B	报文周期/ms	源地址 – 目的地址
充电握手阶段报文分类							
CHM	充电机握手	9728	002600H	6	3	250	充电机 – BMS
BHM	车辆握手	9984	002700H	6	2	250	BMS – 充电机
CRM	充电机辨识	256	000100H	6	8	250	充电机 – BMS
BRM	BMS 和车辆辨识报文	512	000200H	7	49	250	BMS – 充电机
充电参数配置阶段报文分类							
BCP	动力电池充电参数	1536	000600H	7	13	500	BMS – 充电机
CTS	充电机发送时间同步信息	1792	000700H	6	7	500	充电机 – BMS
CML	充电机最大输出能力	2048	000800H	6	8	250	充电机 – BMS
BRO	电池充电准备就绪状态	2304	000900H	4	1	250	BMS – 充电机
CRO	充电机输出准备就绪状态	2560	000A00H	4	1	250	充电机 – BMS
充电阶段报文分类							
BCL	电池充电需求	4096	001000H	6	5	50	BMS – 充电机
BCS	电池充电总状态	4352	001100H	7	9	250	BMS – 充电机
CCS	充电机充电状态	4608	001200H	7	8	50	充电机 – BMS
BSM	动力蓄电池状态信息	4864	001300H	6	7	250	BMS – 充电机
BMV	单体动力蓄电池电压	5376	001500H	7	不定	10s	BMS – 充电机
BMT	动力蓄电池温度	5632	001600H	7	不定	10s	BMS – 充电机
BSP	动力蓄电池预留报文	5888	001700H	7	不足	10s	BMS – 充电机
BST	BMS 中止充电	6400	001900H	4	4	10s	BMS – 充电机
CST	充电机中止充电	6656	001A00H	4	4	10s	充电机 – BMS

(续)

报文代号	报文描述	PGN（DEC）	PGN（HEX）	优先权	数据长度/B	报文周期/ms	源地址 - 目的地址
充电结束阶段报文分类							
BSD	BMS 统计数据	7168	001C00H	6	7	250	BMS - 充电机
CSD	充电机统计数据	7424	001D00H	6	8	250	充电机 - BMS
错误报文分类							
BEM	BMS 错误报文	7680	001E00H	2	4	250	BMS - 充电机
CEM	充电机错误报文	7936	001F00H	2	4	250	充电机 - BMS

3.3.2 握手阶段报文

充电握手阶段分为握手启动阶段和握手辨识阶段，当充电机和 BMS 物理连接完成并上电后，开启低压辅助电源，进入握手启动阶段，发送握手报文。

充电握手阶段报文包含：充电机握手（CHM）、车辆握手（BHM）、充电机辨识（CRM）、BMS 和车辆辨识（BRM）四种报文，见表 3-12。在下面所采集的报文中将依照 GB/T 27930—2015 来进行解析。另外，帧数据中大多是十六进制，需要转换成十进制或者二进制才能进行具体的报文解析，而有些又是直读的，在以后的解析工作中会有详细应用。

1. CHM 和 BHM 报文

由充电机向 BMS 每隔 250ms 发送报文 CHM。当收到充电机握手报文后，BMS 向充电机每隔 250ms 返回 BHM 报文。图 3-25 中序号 4 报文为 CHM 报文，序号 5 为 BHM 报文，下面将以该报文为例进行解析，见表 3-13。

序号	通道	方向	帧类型	ID	帧数据	时间
0	通道1	接收	扩展数据帧	18 26 F4 56	01 01 00	20:27:01.485.240
1	通道1	接收	扩展数据帧	18 26 F4 56	01 01 00	20:27:01.735.272
2	通道1	接收	扩展数据帧	18 26 F4 56	01 01 00	20:27:01.985.298
3	通道1	接收	扩展数据帧	18 26 F4 56	01 01 00	20:27:02.235.329
4	通道1	接收	扩展数据帧	18 26 F4 56	01 01 00	20:27:02.485.360
5	通道1	接收	扩展数据帧	18 27 56 F4	60 0E	20:27:02.491.476
6	通道1	接收	扩展数据帧	18 26 F4 56	01 01 00	20:27:02.735.395
7	通道1	接收	扩展数据帧	18 27 56 F4	60 0E	20:27:02.741.467
8	通道1	接收	扩展数据帧	18 26 F4 56	01 01 00	20:27:02.985.426
9	通道1	接收	扩展数据帧	18 27 56 F4	60 0E	20:27:02.991.458

图 3-25 CHM 和 BHM 报文举例

表 3-13 CHM 和 BHM 报文举例解析

序号	报文	类别	解析
4	18 26 F4 56 01 01 00	帧 ID 18 26 F4 56（H）	由充电桩向 BMS 发送了一帧 PGN 为 26、优先级为 18 的报文。其中"18"为优先级，"26"为参数组编号即 PGN，"F4"为目的地址即 BMS，"56"为源地址即非车载充电机。在分析本条 ID 中主要内容在于 26，对应 PGN（DEC）9728 的报文格式见表 3-14
		帧数据：01 01 00（H）	依照表 3-14 的定义规定：左边数的第一个字节"01"为低字节；左边数第二、第三个字节为"01 00（H）"，因为 H 为高字节，所以由高至低读作"00 01"。 解析结果为充电机通信协议版本号为 V1.1（GB/T 27930—2015）

(续)

序号	报文	类别	解析
5	18 27 56 F4 60 0E	帧 ID 18 27 56 F4（H）	由 BMS 向非车载充电机发送了一帧 PGN 为 27、优先级为 18 的报文。其中"18"为优先级，"27"为参数组编号即 PGN，"56"为目的地址即非车载充电机，"F4"为源地址即 BMS。在分析本条 ID 中主要内容在于 27，对应 PGN（DEC）9984 的报文格式见表 3-15
		帧数据：60 0E（H）	依照表 3-15（GB/T 27930—2015 中表 9）的定义规定：这帧数据为最高允许充电总电压，起始字节起长度 2 字节：60 0E（H），因为 H 为高位，所以由高至低读作"0E 60"。将十六进制的"0E 60"转换成十进制是"3680"，再对应数据分辨率：0.1V/位，0V 偏移量。具体算法为：3680×0.1V/位+0V＝368V。 解析结果为：最高允许充电总电压 368V

表 3-14　PGN9728 报文格式（GB/T 27930—2015 中表 8）

起始字节或位	长度	SPN	SPN 定义	发送选项
1	3 字节	2600	充电机通信协议版本号，本标准规定当前版本为 V1.1，表示为：byte3，byte2－0001H；byte1－01H	必须项

表 3-15　PGN9984 报文格式（GB/T 27930—2015 中表 9）

起始字节或位	长度	SPN	SPN 定义	发送选项
1	2 字节	2601	最高允许充电总电压（V） 数据分辨率：0.1V/位，0V 偏移量	必须项

2. CRM 和 BRM 报文

充电机辨识（CRM）报文：当充电机通过握手确认，并确定绝缘检测正常后，向 BMS 每隔 250ms 发送一次充电机辨识报文，用于确认充电机和 BMS 之间通信链路正确。在收到 BMS 辨识报文前，确认码＝0x00；在收到 BMS 辨识报文后，确认码＝0xAA。

BMS 和车辆辨识（BRM）报文：当 BMS 收到 SPN2560＝0x00 的充电机辨识报文后向充电机每隔 250ms 发送，用于传送 BMS 版本、电池信息等。数据域长度超出 8 字节，使用传输协议功能传输，帧与帧之间的发送间隔为 10ms，直到在 5s 内收到 SPN2560＝0xAA 的充电机辨识报文为止。

BRM 数据长度大于 8 个字节的多帧报文，包含了 12 项内容，长度为 49B，启动多帧格式，按照 J1939 协议的格式发送数据，分成 7 个包依次发送，其中 01、02、03、04、05、06、07 是每个数据包的包头。图 3-26 为 CRM 和 BRM 报文，下面将以该报文为例进行解析，见表 3-16。

序号	通道	方向	帧类型	ID	帧数据	时间
196	通道1	接收	扩展数据帧	18 01 F4 56	00 01 00 00 00 31 32 33	20:27:26.249.218
197	通道1	接收	扩展数据帧	1C EC 56 F4	10 31 00 07 07 00 02 00	20:27:26.250.906
198	通道1	接收	扩展数据帧	1C EC F4 56	11 07 01 FF FF 00 02 00	20:27:26.251.503
199	通道1	接收	扩展数据帧	1C EB 56 F4	01 01 01 00 03 20 03 42	20:27:26.260.902
200	通道1	接收	扩展数据帧	1C EB 56 F4	02 0E FF FF FF FF FF FF	20:27:26.270.914
201	通道1	接收	扩展数据帧	1C EB 56 F4	03 FF FF FF FF FF FF FF	20:27:26.280.918
202	通道1	接收	扩展数据帧	1C EB 56 F4	04 FF FF FF FF FF FF FF	20:27:26.290.914
203	通道1	接收	扩展数据帧	1C EB 56 F4	05 FF FF FF FF FF FF FF	20:27:26.300.922
204	通道1	接收	扩展数据帧	1C EB 56 F4	06 FF FF FF FF FF FF 01	20:27:26.310.910
205	通道1	接收	扩展数据帧	1C EB 56 F4	07 20 17 06 16 FF 03 04	20:27:26.320.894
206	通道1	接收	扩展数据帧	1C EC F4 56	13 31 00 07 FF 00 02 00	20:27:26.321.470

图 3-26　CRM 和 BRM 报文举例

表 3-16　CRM 和 BRM 报文举例解析

序号	报文	类别	解析
196	18 01 F4 56 00 01 00 00 00 31 32 33	帧 ID CRM: 18 01 F4 56（H）	由非车载充电机向 BMS 发送了一帧 PGN 为 01、优先级为 18 的报文。其中 "18" 为优先级，"01" 为参数组编号即 PGN，"F4" 为目的地址即 BMS，"56" 为源地址即非车载充电机。在分析本条 ID 中主要内容在于 01，对应 PGN（DEC）256 的报文格式见表 3-17
		帧数据: 00 01 00 00 00 31 32 33（H）	依照表 3-17 的定义规定：这帧数据包含三个信息辨识结果、充电机编号、充电机所在区域编码。 起始字节 1 长度 1 字节：00，即辨识结果为：BMS 不能辨识。 起始字节 2 长度 4 字节：01 00 00 00 由高至低读为 "00 00 00 01" 即 01。将十六进制的 "01" 转换成十进制还是 "01"，再对应数据分辨率 1/位，0 偏移量。具体算法为：1×1/位+0=1，即充电机编号为：1 起始字节 6 长度 3 字节：31 32 33，由高位向低位读为 33 32 31 解析结果为：BMS 不能辨识；充电机编号 1；区域编码 33 32 31
197	1C EC 56 F4（H） 10 31 00 07 07 00 02 00	帧 ID: 1C EC 56 F4（H）	"1C" 为优先级；"EC" 是多帧报文的功能说明，此帧 ID 代表大于 8 字节的连接请求；"56" 为目的地址即非车载充电机，"F4" 为源地址即 BMS。即由 BMS 向非车载充电机发送了数据大于 8 字节的报文连接请求
		帧数据解析: 10 31 00 07 07 00 02 00	"10" 为控制协议字即功能码，表示请求建立连接；"31 00" 读作 "00 31" 即 31，转换十进制为 49，表示将要发送的数据长度为 49 个字节；"07" 表示接下来即将发送多包报文的数量为 7 个包；"00 02 00" 是多帧报文所对应参数群编号即 PGN（PGN 为 02 就是 BRM，通常我们查找充电手握阶段报文 BRM 时从帧 ID 中是找不到的，需要从其对应的帧数据中的 02 来确定 BRM）。 解析结果为：BMS 向非车载充电机发送长度为 49 个字节、包数为 7 的 BRM 多帧报文连接请求

（续）

序号	报文	类别	解析
198	1C EC F4 56（H） 11 07 01 FF FF 00 02 00	帧 ID：1C EC F4 56（H）	"1C"为优先级；"EC"是多帧报文的功能说明，在此帧 ID 中代表大于 8 字节的连接请求；"F4"为目的地址即 BMS；"56"为源地址即非车载充电机
		帧数据解析： 11 07 01 FF FF 00 02 00	"11"为控制协议字即功能码，表示准备发送；"07"表示允许 BMS 将要发送的数据包数为 7 个包；"01"表示接下来 BMS 即将发送多包报文的编号；"FF FF"是预留位；"00 02 00"是多帧报文所对应参数群编号即 PGN（PGN 为 02 就是 BRM）。 解析结果为：非车载充电机收到 BMS 发送的请求，即允许发送长度为 7 个包的 BRM 多帧报文
199 - 205	1C EB 56 F4（H） 01 01 01 00 03 20 03 42 02 0E FF FF FF FF FF FF 03 FF FF FF FF FF FF FF 04 FF FF FF FF FF FF FF 05 FF FF FF FF FF FF FF 06 FF FF FF FF FF FF 01 07 20 17 06 16 FF 03 04	帧 ID：1C EB 56 F4（H）	"1C"为优先级；"EB"是多帧报文的功能说明，在此帧 ID 中代表大于 8 字节的数据内容传输；"56"为目的地址即非车载充电机，"F4"为源地址即 BMS
		01 01 01 00 03 20 03 42 02 0E FF FF FF FF FF FF 03 FF FF FF FF FF FF FF 04 FF FF FF FF FF FF FF 05 FF FF FF FF FF FF FF 06 FF FF FF FF FF FF 01 07 20 17 06 16 FF 03 04	"01"表示发送 7 个包的多帧报文的包号即 1 号数据包；"01 01 00 03 20 03 42"为 1 号数据包发送的数据内容。由于每一个数据包的第一字节均被占据成了包号，所以实际上每一个数据包里只有 7 个字节数据而不再是 8 个字节。那么在此多帧报文的数据位排列方式即为：第 1 字节起至第 7 字节是"01 01 00 03 20 03 42"，第 8 字节是第二个数据包里的"0E"，第 49 字节是第七个数据包里的"04"。在本多帧报文中一共有 12 项信息，详见表 3-18 解析结果： BMS 通信协议版本号：V1.1 版本（GB/T 27930—2015）； 电池类型：磷酸铁锂； 整车动力蓄电池系统额定容量：80A·h； 整车动力蓄电池系统额定总电压：365V； 电池生产厂商名称：未写入（FF FF FF FF）—可选项； 电池组序号：未写入（FF FF FF FF）—可选项； 电池组生产日期（年、月、日）：未写入（FF FF FF）—可选项； 电池组充电次数：未写入（FF FF FF）—可选项； 电池组产权标识：未写入（FF）—可选项； 预留项：FF—可选项； 车辆识别码（VIN）：未写入（FF FF FF FF FF FF FF）—可选项； BMS 版本信息：未按国标格式写入（01 20 17 06 16 FF 03 04）—可选项，实际为直读方式：BMS 当前使用 2017 年 06 月 06 日第一次编译版本

(续)

序号	报文	类别	解析
206	1C EC F4 56（H） 13 31 00 07 FF 00 02 00	1C EC F4 56（H）	"1C"为优先级;"EC"是多帧报文的功能说明,此帧 ID 代表大于 8 字节的连接请求;"F4"为目的地址即 BMS;"56"为源地址即非车载充电机
		13 31 00 07 FF 00 02 00	"13"为控制协议字即功能码,表示消息结束应答;"31 00"读作"00 31"即 31,转换十进制为 49,表示非车载充电机收到了 BMS 发送的数据长度为 49 个字节的数据包;"07"表示非车载充电机收到了多包报文的数量为 7 个包;"00 02 00"是多帧报文所对应参数群编号即 PGN（PGN 为 02 就是 BRM 报文）。 解析结果为:非车载充电机收到了来自 BMS 发送的长度为 49 个字节、包数为 7 的 BRM 多帧报文

表3-17　PGN256 报文格式（GB/T 27930—2015 中表10）

起始字节或位	长度	SPN	SPN 定义	发送选项
1	1 字节	2560	辨识结果,(<0x00>：= BMS 不能辨识;<0xAA>：= BMS 能辨识)	必须项
2	4 字节	2561	充电机编码,1/位,0 偏移量,数据范围;0 – 0xFFFFFFFF	必须项
6	3 字节	2562	充电机/充电站所处区域编码,标准 ASCII 码	可选项

表3-18　PGN512 报文格式（GB/T 27930—2015 中表11）

起始字节或位	长度	SPN	SPN 定义	发送选项
1	3 字节	2565	BMS 通信协议版本号,本标准规定当前版本为 V1.1,表示为:byte3,byte2—0001H;byte1—01H	必须项
4	1 字节	2566	电池类型,01H:铅酸电池;02H:镍氢电池;03H:磷酸铁锂电池;04H:锰酸锂电池;05H:钴酸锂电池;06H:三元材料电池;07H:聚合物锂离子池;08H 钛酸锂电池;FFH:其他电池	必须项
5	2 字节	2567	整车动力蓄电池系统额定容量/A·h,0.1A·h/位,0A·h 偏移量	必须项
7	2 字节	2568	整车动力蓄电池系统额定总电压/V,0.1V/位,0V 偏移量	必须项
9	4 字节	2569	电池生产厂商名称,标准 ASCII 码	可选项
13	4 字节	2570	电池组序号,预留,由厂商自行定义	可选项
17	1 字节	2571	电池组生产日期:年,1 年/位,1985 年偏移量;数据范围：1985 ~ 2235 年	可选项
18	1 字节		电池组生产日期:月,1 月/位,0 月偏移量;数据范围：1 ~ 12 月	可选项
19	1 字节		电池组生产日期:日,1 日/位,0 日偏移量;数据范围：1 ~ 31 日	可选项
20	3 字节	2572	电池组充电次数,1 次/位,0 次偏移量,以 BMS 统计为准	可选项
23	1 字节	2573	电池组产权标识（<0>：= 租赁;<1>：= 车自有）	可选项

(续)

起始字节或位	长度	SPN	SPN 定义	发送选项
24	1 字节	2574	预留	可选项
25	17 字节	2575	车辆识别码（VIN）	可选项
42	8 字节	2576	BMS 软件版本号 8 字节表示当前 BMS 版本信息，按照 16 进制编码确定。 　　其中：byte8、byte7、byte6 - 000001H ~ FFFFFEH，预留，填 FFFFFFH； 　　byte5 - byte2 作为 BMS 软件版本编译时间信息标记，byte5，byte4—0001H ~ FFFEH 表示"年"（例如 2015 年：填写 byte5—DFH，byte4 - 07H）； 　　byte3—01H ~ 0CH 表示"月"（例如 11 月：填写 byte3—0BH）； 　　byte2—01H ~ 1FH 表示"日"（例如 10 日：填写 byte2—0AH）； 　　byte1—01H ~ FEH 表示版本流水号（例如 16：填写 byte1—10H）。 （如上数值表示：BMS 当前使用 2015 年 11 月 10 日第 16 次编译版本，未填写认证授权码）	可选项

3.3.3　充电参数配置报文

充电参数配置阶段报文包括动力蓄电池参数（BCP）、时间同步信息（CTS）、最大输出能力（CML）、电池准备就绪状态（BRO）和充电机输出准备就绪状态（CRO）报文，其举例如图 3-27 所示。

序号	通道	方向	帧类型	ID	帧数据	时间
208	通道1	接收	扩展数据帧	1C EC 56 F4	10 0D 00 02 02 00 06 00	20:27:26 .510.891
209	通道1	接收	扩展数据帧	1C EC F4 56	11 02 01 FF FF 00 06 00	20:27:26 .511.480
210	通道1	接收	扩展数据帧	1C EB 56 F4	01 72 01 E4 0C 04 01 60	20:27:26 .520.887
211	通道1	接收	扩展数据帧	1C EB 56 F4	02 0E 69 DE 03 02 0D FF	20:27:26 .530.883
212	通道1	接收	扩展数据帧	1C EC F4 56	13 0D 00 02 FF 00 06 00	20:27:26 .531.456
213	通道1	接收	扩展数据帧	18 07 F4 56	48 29 20 04 07 17 20	20:27:26 .539.219
214	通道1	接收	扩展数据帧	18 08 F4 56	88 13 D0 07 48 0D 64 0F	20:27:26 .829.279
215	通道1	接收	扩展数据帧	18 07 F4 56	48 29 20 04 07 17 20	20:27:27 .039.289
216	通道1	接收	扩展数据帧	18 08 F4 56	88 13 D0 07 48 0D 64 0F	20:27:27 .079.319
217	通道1	接收	扩展数据帧	18 08 F4 56	88 13 D0 07 48 0D 64 0F	20:27:27 .329.349
218	通道1	接收	扩展数据帧	10 09 56 F4	AA	20:27:27 .350.620
219	通道1	接收	扩展数据帧	10 0A F4 56	00	20:27:27 .359.108
220	通道1	接收	扩展数据帧	10 0A F4 56	00	20:27:27 .609.139
221	通道1	接收	扩展数据帧	10 09 56 F4	AA	20:27:27 .610.607
222	通道1	接收	扩展数据帧	10 0A F4 56	00	20:27:27 .859.170
223	通道1	接收	扩展数据帧	10 09 56 F4	AA	20:27:27 .870.594

图 3-27　充电参数配置报文举例

1. BCP：多帧报文

动力蓄电池充电参数 BCP 报文是 BMS 发送给充电机的动力蓄电池充电参数。如果充电机在 5s 内没有收到该报文，即判为超时错误，应立即停止充电。动力蓄电池充电参数 BCP 报文举例解析见表 3-19。

表 3-19　动力蓄电池充电参数 BCP 报文举例解析

序号	报文	类别	解析
208	1C EC 56 F4（H） 10 0D 00 02 02 00 06 00	帧 ID：1C EC 56 F4（H）	"1C"为优先级；"EC"是多帧报文的功能说明，此帧 ID 代表大于 8 字节的连接请求；"56"为目的地址即非车载充电机，"F4"为源地址即 BMS，即由 BMS 向非车载充电机发送了数据大于 8 字节的报文连接请求
		帧数据解析： 10 0D 00 02 02 00 06 00	"10"为控制协议字即功能码，表示请求建立连接；"0D 00"读作"00 0D"即 0D，转换十进制为 13，表示将要发送的数据长度为 13 个字节；"02"表示接下来即将发送多包报文的数量为 2 个包；"00 06 00"是多帧报文所对应参数群编号即 PGN（PGN 为 06 就是 BCP，通常我们查找充电参数配置阶段报文 BCP 时从帧 ID 中是找不到的，需要从其对应的帧数据中的 06 来确定 BCP）。 解析结果为：BMS 向非车载充电机发送长度为 13 个字节、包数为 2 的 BCP 多帧报文连接请求
209	1C EC F4 56（H） 11 02 01 FF FF 00 06 00	帧 ID：1C EC F4 56（H）	"1C"为优先级；"EC"是多帧报文的功能说明，此帧 ID 代表大于 8 字节的连接请求；"F4"为目的地址即 BMS；"56"为源地址即非车载充电机
		11 02 01 FF FF 00 06 00	"11"为控制协议字即功能码，表示准备发送；"02"表示允许 BMS 将要发送的数据包数为 2 个包；"01"表示接下来 BMS 即将发送多包报文的编号；"FF FF"是预留位；"00 06 00"是多帧报文所对应参数群编号即 PGN（PGN 为 06 就是 BCP）。 解析结果为：非车载充电机收到 BMS 发送的请求，即允许发送长度为 2 个包的 BCP 多帧报文
210－211	1C EB 56 F4（H） 01 72 01 E4 0C 04 01 60 02 0E 69 DE 03 02 0D FF	1C EB 56 F4（H）	"1C"为优先级；"EB"是多帧报文的功能说明，此帧 ID 代表大于 8 字节的数据内容传输；"56"为目的地址即非车载充电机，"F4"为源地址即 BMS

(续)

序号	报文	类别	解析
210–211	1C EB 56 F4（H） 01 72 01 E4 0C 04 01 60 02 0E 69 DE 03 02 0D FF	01 72 01 E4 0C 04 01 60 02 0E 69 DE 03 02 0D FF	"01"表示发送 2 个包的多帧报文的包号即 1 号数据包；"72 01 E4 0C 04 01 60"为 1 号数据包发送的数据内容。由于每一个数据包的第一位均被占据，所以实际上每一个数据包里只有 7 位数据而不再是 8 位。那么在本多帧报文的数据位排列方式即为：第 1 位起至第 7 位是"72 01 E4 0C 04 01 60"，第 8 位是第二个数据包里的"0E"，第 13 位是第七个数据包里的"0D"。在本多帧报文中一共有 7 项信息，详见表 3-20，解析结果： ① 单体动力蓄电池最高允许充电电压：3.70V；（72 01 读作 01 72 即 172 转换成十进制为 370） （370×0.01V/位 +0V 偏移量 = 3.70V） ② 最高允许充电电流：−70A；（E4 0C 读作 0C E4 即 CE4 转换成十进制为 3300） （3300×0.1A/位 −400A 偏移量 = −70A） 注意：−70A 代表的就是充电电流。国标规定：正的电流值代表放电，负的电流值代表充电 ③ 动力蓄电池标称总能量：26kW·h；（04 01 读作 01 04 即 104 转换成十进制为 260）（260×0.1kW·h/位 +0kW·h 偏移量 = 26 kW·h） ④ 最高允许充电总电压：368V；（60 0E 读作 0E 60 即 E60 转换成十进制为 3680）（3680×0.1V/位 +0V 偏移量 = 368V） ⑤ 最高允许温度：55℃；（69 转换成十进制为 105）（105×1℃/位 −50℃ 偏移量 = 55℃） ⑥ 整车动力蓄电池荷电状态（SOC）：99%； （DE 03 读作 03 DE 即 3DE 转换成十进制为 990）（990×0.1%/位 +0% 偏移量 = 99% SOC） ⑦ 整车动力蓄电池当前电池电压：333V。 （02 0D 读作 0D 02 即 D02 转换成十进制为 3330）（3330×0.1V/位 +0V 偏移量 = 333V）
212	1C EC F4 56（H） 13 0D 00 02 FF 00 06 00	1C EC F4 56（H）	"1C"为优先级；"EC"是多帧报文的功能说明，此帧 ID 代表大于 8 字节的连接请求；"F4"为目的地址即 BMS；"56"为源地址即非车载充电机
		13 0D 00 02 FF 00 06 00	"13"为控制协议字即功能码，表示消息结束应答；"0D 00"读作"00 0D"即 0D，转换十进制为 13，表示非车载充电机收到了 BMS 发送的数据长度为 13 个字节的数据包；"02"表示非车载充电机收到了多包报文的数量为 2 个；"00 06 00"是多帧报文所对应参数群编号即 PGN（PGN 为 06 就是 BCP 报文）。 解析结果为：非车载充电机收到了来自 BMS 发送的长度为 13 个字节、包数为 2 的 BCP 多帧报文

表 3-20　PGN1536 报文格式（GB/T 27930—2015 中表 12）

起始字节或位	长度	SPN	SPN 定义	发送选项
1	2 字节	2816	单体动力蓄电池最高允许充电电压 数据分辨率：0.01V/位，0V 偏移量；数据范围：0～24V	必须项
3	2 字节	2817	最高允许充电电流 数据分辨率：0.1A/位，-400A 偏移量	必须项
5	2 字节	2818	动力蓄电池标称总能量 数据分辨率：0.1kW·h/位，0kW·h 偏移量；数据范围：0～1000kW·h	必须项
7	2 字节	2819	最高允许充电总电压 数据分辨率：0.1V/位，0V 偏移量	必须项
9	1 字节	2820	最高允许温度 数据分辨率：1℃/位，-50℃ 偏移量；数据范围：-50～200℃	必须项
10	2 字节	2821	整车动力蓄电池荷电状态 数据分辨率：0.1%/位，0% 偏移量；数据范围：0～100%	必须项
12	2 字节	2822	整车动力蓄电池当前电池电压 数据分辨率：0.1V/位，0V 偏移量	必须项

2. CTS：充电机发送时间同步信息报文

时间同步信息是充电参数配置阶段由充电机发送给 BMS 的，用于与 BMS 时间同步。此帧报文为可选项，解析方法为从高位向低位直读方式。充电机发送时间同步信息报文举例解析见表 3-21。

表 3-21　充电机发送时间同步信息报文举例解析

序号	报文	类别	解析
213	18 07 F4 56（H） 48 29 20 04 07 17 20	18 07 F4 56（H）	由非车载充电机向 BMS 发送了一帧 PGN 为 07、优先级为 18 的报文。其中 "18" 为优先级，"07" 为参数组编号即 PGN，"F4" 为目的地址即 BMS，"56" 为源地址即非车载充电机。在分析本条 ID 中主要内容在于 07，对应 PGN（DEC）1792 的报文格式见表 3-22
		48 29 20 04 07 17 20（H）	依照表 3-22 的定义规定：这帧数据为同步信息的时间，起始字节起长度 1 字节的 "48" 是秒；第 2 字节 "29" 是分；第 3 字节 "20" 是时；第 4 字节 "04" 是日；第 5 字节 "07" 是月；第 6～7 字节 "17 20" 是年 解析结果为：由高位向低位直读：2017 年 07 月 04 日 20 时 29 分 48 秒

表 3-22　PGN1792 报文格式（GB/T 27930—2015 中表 13）

起始字节或位	长度	SPN	SPN 定义	发送选项
1	7 字节	2823	年/月/日/时/分/秒	可选项

3. CML：充电机最大输出能力报文

此帧报文是充电参数配置阶段由充电机发送给 BMS 的，用来告知充电输出电压和电流的能力。充电机最大输出能力报文举例解析见表 3-23。

表 3-23 充电机最大输出能力报文举例解析

序号	报文	类别	解析
214	18 08 F4 56 （H） 88 13 D0 07 48 0D 64 0F （H）	18 08 F4 56 （H）	由非车载充电机向 BMS 发送了一帧 PGN 为 08、优先级为 18 的报文。其中 "18" 为优先级，"07" 为参数组编号即 PGN，"F4" 为目的地址即 BMS，"56" 为源地址即非车载充电机。在分析本条 ID 中主要内容在于 08，对应 PGN（DEC）2048 的报文格式见表 3-24
		88 13 D0 07 48 0D 64 0F （H）	依照表 3-24 的定义规定：这帧数据包含了四个信息。 ① 最高输出电压：500V；（88 13 读作 13 88，转换成十进制为 5000） （5000×0.1V/位 +0V 偏移量 =500V） ② 最低输出电压：200V；（D0 07 读作 07 D0 即 7D0，转换成十进制为 2000）（2000×0.1V/位 +0V 偏移量 =200V） ③ 最大输出电流：-60A； （48 0D 读作 0D 48 即 D48，转换成十进制为 3400） （3400×0.1A/位 -400A 偏移量 = -60A） 注意：正的电流值代表放电，负的电流值代表充电。 ④ 最小输出电流：-6A。（64 0F 读作 0F 64 即 F64，转换成十进制为 3940） （3940×0.1A/位 -400A 偏移量 = -6A） 注意：正的电流值代表放电，负的电流值代表充电

表 3-24 PGN2048 报文格式 （GB/T 27930—2015 中表 14）

起始字节或位	长度	SPN	SPN 定义	发送选项
1	2 字节	2824	最高输出电压（V）数据分辨率：0.1V/位，0V 偏移量	必须项
3	2 字节	2825	最低输出电压（V）数据分辨率：0.1V/位，0V 偏移量	必须项
5	2 字节	2826	最大输出电流（A）数据分辨率：0.1A/位，-400A 偏移量	必须项
7	2 字节	2827	最小输出电流（A）数据分辨率：0.1A/位，-400A 偏移量	必须项

4. BRO：BMS 充电准备就绪报文

BMS 充电准备就绪报文解析见表 3-25。

表 3-25 BMS 充电准备就绪报文解析

序号	报文	类别	解析
218	10 09 56 F4 （H） AA	10 09 56 F4 （H）	由 BMS 向非车载充电机发送了一帧 PGN 为 09、优先级为 10 的报文。其中 "10" 为优先级，"09" 为参数组编号即 PGN，"56" 为目的地址即非车载充电机，"F4" 为源地址即 BMS。在分析本条 ID 中主要内容在于 09，对应 PGN（DEC）2304 的报文格式见表 3-26
		AA	帧数据：AA 依照表 3-26 的定义规定：AA 即是准备好了；00 即是没准备好。 解析结果为：BMS 完成充电准备

表 3-26　PGN2304 报文格式（GB/T 27930—2015 中表 15）

起始字节或位	长度	SPN	SPN 定义	发送选项
1	1 字节	2829	BMS 是否充电准备好 （<0x00>：= BMS 未做好充电准备；<0xAA>：= BMS 完成充电准备；<0xFF>：= 无效）	必须项

5. CRO：充电机输出准备就绪报文（图 3-28）

序号	通道	方向	帧类型	ID	帧数据	时间
295	通道1	接收	扩展数据帧	10 0A F4 56	00	20:27:37.110.292
296	通道1	接收	扩展数据帧	10 09 56 F4	AA	20:27:37.230.300
297	通道1	接收	扩展数据帧	10 0A F4 56	AA	20:27:37.360.320

图 3-28　充电机输出准备就绪报文

充电机输出准备就绪报文举例解析见表 3-27。

表 3-27　充电机输出准备就绪报文举例解析

序号	报文	类别	解析
297	10 0A F4 56（H） AA	10 0A F4 56（H）	由非车载充电机向 BMS 发送了一帧 PGN 为 0A、优先级为 10 的报文。其中"10"为优先级，"0A"为参数组编号即 PGN，"F4"为目的地址即 BMS，"56"为源地址即非车载充电机。在分析本条 ID 中主要内容在于 0A，对应 PGN（DEC）2560 的报文格式见表 3-28
		AA	帧数据：AA 依照表 3-28 的定义规定：AA 即是完成充电准备；00 即是未完成充电准备。 解析结果为：充电机完成充电准备。充电机输出准备状况由 00（未完成充电准备）转 AA（完成充电准备）

表 3-28　PGN2560 报文格式（GB/T 27930—2015 中表 16）

起始字节或位	长度	SPN	SPN 定义	发送选项
1	1 字节	2830	充电机是否充电准备好 （<0x00>：= 充电机未完成充电准备；<0xAA>：= 充电机完成充电准备；<0xFF>：= 无效）	必须项

3.3.4　充电阶段报文

充电阶段报文包括电池充电需求（BCL）、电池充电总状态（BCS）、充电机充电状态（CCS）、动力蓄电池状态信息（BSM）、单体动力蓄电池电压（BMV）、动力蓄电池温度（BMT）、动力蓄电池预留（BSP）、BMS 终止充电（BST）和充电机终止充电（CST）等报文。在整个充电阶段，BMS 实时向充电机发送充电需求，充电机根据 BMS 发来的充电需求来调整充电电压和充电电流，以保证充电过程正常。图 3-29 所示为充电阶段总体报文（涵盖了充电阶段所有帧)。

序号	通道	方向	帧类型	ID	帧数据	时间
3197	通道1	接收	扩展数据帧	18 10 56 F4	60 0E 78 0F 02	20:28:23.678.950
3198	通道1	接收	扩展数据帧	18 12 F4 56	73 0D 7C 0F 00 00 FD	20:28:23.696.181
3199	通道1	接收	扩展数据帧	1C EC 56 F4	10 09 00 02 02 00 11 00	20:28:23.699.061
3200	通道1	接收	扩展数据帧	1C EC F4 56	11 02 01 FF FF 00 11 00	20:28:23.699.653
3201	通道1	接收	扩展数据帧	1C EB 56 F4	01 66 0D 80 0F 6E 01 64	20:28:23.709.057
3202	通道1	接收	扩展数据帧	1C EB 56 F4	02 02 00 FF FF FF FF FF	20:28:23.719.073
3203	通道1	接收	扩展数据帧	1C EC F4 56	13 09 00 02 FF 00 11 00	20:28:23.719.641
3204	通道1	接收	扩展数据帧	18 10 56 F4	60 0E 78 0F 02	20:28:23.728.949
3205	通道1	接收	扩展数据帧	18 13 56 F4	51 52 01 51 07 00 D0	20:28:23.739.017
3206	通道1	接收	扩展数据帧	18 12 F4 56	71 0D 81 0F 00 00 FD	20:28:23.746.185
3207	通道1	接收	扩展数据帧	18 10 56 F4	60 0E 78 0F 02	20:28:23.778.948
3208	通道1	接收	扩展数据帧	18 12 F4 56	73 0D 81 0F 00 00 FD	20:28:23.796.194
3209	通道1	接收	扩展数据帧	18 10 56 F4	60 0E 78 0F 02	20:28:23.828.945
3210	通道1	接收	扩展数据帧	18 12 F4 56	73 0D 81 0F 00 00 FD	20:28:23.846.199
3211	通道1	接收	扩展数据帧	18 10 56 F4	60 0E 78 0F 02	20:28:23.878.947
3212	通道1	接收	扩展数据帧	18 12 F4 56	73 0D 81 0F 00 00 FD	20:28:23.896.206
3213	通道1	接收	扩展数据帧	18 10 56 F4	60 0E 78 0F 02	20:28:23.928.944
3214	通道1	接收	扩展数据帧	18 12 F4 56	73 0D 81 0F 00 00 FD	20:28:23.946.211
3215	通道1	接收	扩展数据帧	1C EC 56 F4	10 09 00 02 02 00 11 00	20:28:23.959.051
3216	通道1	接收	扩展数据帧	1C EC F4 56	11 02 01 FF FF 00 11 00	20:28:23.959.644
3217	通道1	接收	扩展数据帧	1C EB 56 F4	01 66 0D 80 0F 6E 01 64	20:28:23.969.047
3218	通道1	接收	扩展数据帧	1C EB 56 F4	02 02 00 FF FF FF FF FF	20:28:23.979.063
3219	通道1	接收	扩展数据帧	18 10 56 F4	60 0E 78 0F 02	20:28:23.979.512
3220	通道1	接收	扩展数据帧	1C EC F4 56	13 09 00 02 FF 00 11 00	20:28:23.980.068
3221	通道1	接收	扩展数据帧	18 12 F4 56	71 0D 81 0F 00 00 FD	20:28:23.996.215
3222	通道1	接收	扩展数据帧	18 13 56 F4	51 52 01 51 07 00 D0	20:28:23.999.007
3223	通道1	接收	扩展数据帧	18 10 56 F4	60 0E A0 0F 02	20:28:24.028.943
3224	通道1	接收	扩展数据帧	10 19 F4 56	10 00 00 F0	20:28:24.029.383
3225	通道1	接收	扩展数据帧	10 1A F4 56	40 00 00 00	20:28:24.036.108
3226	通道1	接收	扩展数据帧	10 19 F4 56	10 00 00 F0	20:28:24.038.923
3227	通道1	接收	扩展数据帧	10 1A F4 56	40 00 00 00	20:28:24.046.111

图 3-29 充电阶段总体报文举例

1. BCL：电池充电需求报文

充电机根据 BMS 充电需求来调整充电输出。BMS 根据自身的需求向充电机提出充电电压、电流和充电的方式的请求，而充电机在接收到该报文后将完成相对应的输出。如果充电机在 1s 内没有收到该报文，即为超时错误，充电机应立即结束充电。当 BCL 报文中充电电流请求大于 CML（充电机最大输出能力）报文中最大输出电流时，充电机按最大输出能力输出；当 BCL 报文中充电电流请求小于等于 CML 报文中最大输出电流时，充电机按请求电流输出；当电压需求或电流需求为 0 时，充电机按最小输出能力输出。此报文包含了三个信息：电压需求、电流需求和充电模式。电池充电需求报文举例如图 3-30 所示，解析见表 3-29。

序号	通道	方向	帧类型	ID	帧数据	时间
299	通道1	接收	扩展数据帧	18 10 56 F4	60 0E DE 0D 02	20:27:37.380.991

图 3-30 电池充电需求报文举例

表 3-29 电池充电需求报文举例解析

序号	报文	类别	解析
299	18 10 56 F4 (H) 60 0E DE 0D 02 (H)	18 10 56 F4 (H)	由 BMS 向非车载充电机发送了一帧 PGN 为 10、优先级为 18 的报文。其中"18"为优先级,"10"为参数组编号即 PGN,"56"为目的地址即非车载充电机,"F4"为源地址即 BMS。在分析本条 ID 中主要内容在于 10,对应 PGN(DEC)4096 的报文格式见表3-30
		60 0E DE 0D 02 (H)	依照表3-30的定义规定,这帧包含了三个信息,起始位起长度2字节 "60 0E"是电压需求;第3字节起长度2字节 "DE 0D"是电流需求;第5字节起长度1字节是充电模式。 ① 电压需求:368V(60 0E 读作 0E 60 即 E60,转换成十进制为 3680)(3680×0.1V/位 +0V 偏移量 =368V) ② 电流需求:-45A(DE 0D 读作 0D DE 即 DDE,转换成十进制为 3550)(3550×0.1A/位 -400A 偏移量 = -45A) ③ 充电模式:恒流充电(01 就是恒压充电;02 就是恒流充电) 解析结果为:BMS 向充电桩发送了一帧 BCL(电池充电需求):充电电压 368V,电流 45A,恒流充电

表 3-30 PGN4096 报文格式(GB/T 27930—2015 中表 17)

起始字节或位	长度	SPN	SPN 定义	发送选项
1	2字节	3072	电压需求(V) 数据分辨率:0.1V/位,0V 偏移量	必须项
3	2字节	3073	电流需求(A) 数据分辨率:0.1A/位,-400A 偏移量	必须项
5	1字节	3074	充电模式 (0x01:恒压充电;0x02:恒流充电)	必须项

2. BCS:电池充电总状态报文(多帧报文)

BCS 用于在充电过程中监视电池组充电电压、充电电流、荷电 SOC 等充电状态,其举例如图 3-31 所示,其解析见表 3-31。如果充电机在 5s 内没有收到该报文,即为超时错误,充电机应立即结束充电。此报文包含了 5 条信息:充电电压测量值、充电电流测量值、最高单体动力蓄电池电压及其组号、当前荷电状态、估算剩余充电时间。由于本帧的数据长度大于 8 个字节,需要启动多帧报文的格式来进行传输。

序号	通道	方向	帧类型	ID	帧数据	时间
562	通道1	接收	扩展数据帧	1C EC 56 F4	10 09 00 02 02 00 11 00	20:27:41.840.396
563	通道1	接收	扩展数据帧	1C EC F4 56	11 02 01 FF FF 00 11 00	20:27:41.840.988
564	通道1	接收	扩展数据帧	1C EB 56 F4	01 2A 0D E8 0D 51 01 63	20:27:41.850.388
565	通道1	接收	扩展数据帧	1C EB 56 F4	02 00 00 FF FF FF FF FF	20:27:41.860.416
566	通道1	接收	扩展数据帧	1C EC F4 56	13 09 00 02 FF 00 11 00	20:27:41.860.984

图 3-31 电池充电总状态报文举例

表 3-31 电池充电总状态报文举例解析

序号	报文	类别	解析
562	1C EC 56 F4（H） 10 09 00 02 02 00 11 00	1C EC 56 F4（H）	"1C"为优先级；"EC"是多帧报文的功能说明，此帧 ID 代表大于 8 字节的连接请求；"56"为目的地址即非车载充电机，"F4"为源地址即 BMS，即由 BMS 向非车载充电机发送了数据大于 8 字节的报文连接请求
		10 09 00 02 02 00 11 00	"10"为控制协议字即功能码，表示请求建立连接；"09 00"读作"00 09"即 9，转换十进制为 9，表示将要发送的数据长度为 9 个字节；"02"表示接下来即将发送多包报文的数量为 2 个包；"00 11 00"是多帧报文所对应参数群编号即 PGN（PGN 为 11 就是 BCS，通常我们查找充电参数配置阶段报文 BCS 时从帧 ID 中是找不到的，需要从其对应的帧数据中的 11 来确定 BCS）。 解析结果为：BMS 向非车载充电机发送长度为 9 个字节、包数为 2 的 BCS 多帧报文连接请求
563	1C EC F4 56（H） 11 02 01 FF FF 00 11 00	1C EC F4 56（H）	"1C"为优先级；"EC"是多帧报文的功能说明，此帧 ID 代表大于 8 字节的连接请求；"F4"为目的地址即 BMS；"56"为源地址即非车载充电机
		11 02 01 FF FF 00 11 00	"11"为控制协议字即功能码，表示准备发送；"02"表示允许 BMS 将要发送的数据包数为 2；"01"表示接下来 BMS 即将发送多包报文的编号；"FF FF"是预留位；"00 11 00"是多帧报文所对应参数群编号即 PGN（PGN 为 11 就是 BCS）。 解析结果为：非车载充电机收到 BMS 发送的请求，即允许发送长度为 2 个包的 BCS 多帧报文
564 -- 565	1C EB 56 F4（H）	1C EB 56 F4（H）	"1C"为优先级；"EB"是多帧报文的功能说明，此帧 ID 代表大于 8 字节的数据内容传输；"56"为目的地址即非车载充电机，"F4"为源地址即 BMS
		01 2A 0D E8 0D 51 01 63 02 00 00 FF FF FF FF FF	"01"表示发送多帧报文的包号即 1 号数据包；"2A 0D E8 0D 51 01 63"为 1 号数据包发送的数据内容。由于每一个数据包的第一字节均被占据，所以实际上每一个数据包里只有 7 个字节数据而不再是 8 字节。那么在本多帧报文的数据位排列方式即为：起始字节 1 起至第 7 字节为"2A 0D E8 0D 51 01 63"，第 8 字节是第二个数据包里的"00"。在本多帧报文中一共有 5 项信息，详见表 3-32 ① 充电电压测量值：337V； （2A 0D 读作 0D 2A 即 D2A，转换成十进制为 3370） （3370×0.1V/位 +0V 偏移量 =337V）

（续）

序号	报文	类别	解析
564–565	1C EB 56 F4（H）	01 2A 0D E8 0D 51 01 63 02 00 00 FF FF FF FF FF	② 充电电流测量值：-44A； （E8 0D 读作 0D E8 即 DE8，转换成十进制为 3560） （3560×0.1A/位 -400A 偏移量 = -44A），注意：-44A 代表的就是充电电流。国标规定：正的电流值代表放电，负的电流值代表充电。 ③ 最高单体动力蓄电池电压及其组号：电压 3.37V、组号 0； （51 01 读作 01 51 即 151，转换成二进制为 0000 0001 0101 0001 共 16 位，规则是不够 16 位用 0 补齐，所以前边补齐了四个 0。由右向左数至 12 位是单体动力蓄电池的电压，即"0001 0101 0001"，转成十进制是 337）（337×0.01V/位 +0V 偏移量 = 3.37V）； （高单体蓄电池组号，从右至左数 13~16 位也就是刚刚补齐的那四个 0） （0000×1/位 +0V 偏移量 = 0 号） ④ 当前荷电状态 SOC%：99%；（63 转换成十进制为 99） （99×1%/位 +0% 偏移量 = 99%SOC） ⑤ 估算剩余充电时间（min）：0min。（00 00 转换成十进制为 0） （0×1min/位 +0min 偏移量 = 0min）
566	1C EC F4 56（H） 13 09 00 02 FF 00 11 00	1C EC F4 56（H）	"1C"为优先级；"EC"是多帧报文的功能说明，在此帧 ID 中代表大于 8 字节的连接请求；"F4"为目的地址即 BMS；"56"为源地址即非车载充电机
		13 09 00 02 FF 00 11 00	"13"为控制协议字即功能码，表示消息结束应答；"09 00"读作"00 09"即 09，转换十进制为 9，表示非车载充电机收到了 BMS 发送的数据长度为 9 个字节的数据包；"02"表示非车载充电机收到了多包报文的数量为 2 个包；"00 11 00"是多帧报文所对应参数群编号即 PGN（PGN 为 11 就是 BCS 报文）。 解析结果为：非车载充电机收到了来自 BMS 发送的长度为 9 个字节、包数为 2 的 BCS 多帧报文

表 3-32 PGN4352 报文格式（GB/T 27930—2015 中表 18）

起始字节或位	长度	SPN	SPN 定义	发送选项
1	2 字节	3075	充电电压测量值（V） 数据分辨率：0.1V/位，0V 偏移量	必须项
3	2 字节	3076	充电电流测量值（A） 数据分辨率：0.1A/位，-400A 偏移量	必须项

(续)

起始字节或位	长度	SPN	SPN 定义	发送选项
5	2字节	3077	最高单体动力蓄电池电压及其组号 1-12 位：最高单体动力蓄电池电压，数据分辨率：0.01V/位，0V 偏移量；数据范围：0~24V； 13-16 位：最高单体动力蓄电池电压所在组号，数据分辨率：1/位，0 偏移量；数据范围：0~15	必须项
7	1字节	3078	当前荷电状态 SOC（%） 数据分辨率：1%/位，0% 偏移量；数据范围：0~100%；	必须项
8	2字节	3079	估算剩余充电时间（min） 当 BMS 以实际电流为准进行测算的剩余时间超过 600min 时，按 600min 发送。数据分辨率：1min/位，0min 偏移量；数据范围：0~600min	必须项

3. CCS：充电机充电状态报文

BMS 监视充电机当前输出的充电电流、电压值等信息。如果 BMS 在 1s 内没有收到该报文，即为超时错误，BMS 应立即结束充电。当收到 CCS 中 SPN3929 为 0 时表示充电机将停止输出，收到 SPN3929 为 1 时表示充电机将继续开始充电。充电机充电状态报文举例如图 3-32 所示。其解析见表 3-33。

序号	通道	方向	帧 类 型	ID	帧 数 据	时间
569	通道1	接收	扩展数据帧	18 12 F4 56	32 0D E2 0D 00 00 FD	20:27:41.891.119

图 3-32 充电机充电状态报文举例

表 3-33 充电机充电状态报文举例解析

序号	报文	类别	解析
569	18 12 F4 56（H） 32 0D E2 0D 00 00 FD	18 12 F4 56（H）	由非车载充电机向 BMS 发送了一帧 PGN 为 12、优先级为 18 的报文。其中"18"为优先级，"12"为参数组编号即 PGN，"F4"为目的地址即 BMS，"56"为源地址即非车载充电机。在分析本条 ID 中主要内容在于 12，对应 PGN（DEC）4608 的报文格式见表 3-34
		32 0D E2 0D 00 00 FD	帧数据：32 0D E2 0D 00 00 FD（H） 依照表 3-34 的定义规定，这帧包含了四个信息，起始字节起长度 2 字节的"32 0D"是电压输出值；第 3 字节起长度 2 字节"E2 0D"是电流输出值；第 5 字节起长度 2 字节"00 00"是累计充电时间；7.1 位即长度 2 位是充电允许状态值。 ① 电压输出值：337.8V；（32 0D 读作 0D 32 即 D32，转换成十进制为 3378）（3378×0.1V/位 +0V 偏移量 =337.8V） ② 电流输出值：-44.6A； （E2 0D 读作 0D E2 即 DE2，转换成十进制为 3554）（3554×0.1A/位 -400A 偏移量 = -44.6A） ③ 累计充电时间（min）：0min； （00 00 转换成十进制为 0） （0×1min/位 +0min 偏移量 =0min） ④ 充电允许状态：允许。（FD 转换成二进制为"1111 1101"，从右至左数 1 位起长度 2 位是 01）（00 就是暂停；01 就是允许） 解析结果为：充电机向 BMS 发送了一帧 CCS（充电机充电状态）报文：电压输出值：337.8V、电流输出值：-44.6A、累计充电时间：0min、充电允许状态：允许

表3-34　PGN4608报文格式（GB/T 27930—2015 中表19）

起始字节或位	长度	SPN	SPN 定义	发送选项
1	2字节	3081	电压输出值（V） 数据分辨率：0.1V/位，0V 偏移量	必须项
3	2字节	3082	电流输出值（A） 数据分辨率：0.1A/位，-400A 偏移量	必须项
5	2字节	3083	累计充电时间（min） 数据分辨率：1min/位，0min 偏移量；数据范围：0～600min	必须项
7.1	2位	3929	充电允许（<00> : = 暂停；<01> : = 允许）	必须项

注：当收到 CCS 中 SPN3929 为 0 时表示充电机将停止输出；收到 SPN3929 为 1 时表示充电机将继续开始充电。

4. BSM：BMS 发送动力蓄电池状态信息报文

BSM 报文是充电阶段 BMS 发送给充电机的动力蓄电池状态信息。当接收到 BSM 报文中 SPN3090—SPN3095（电池状态）中有一项为异常状态，充电机应停止充电。本帧报文所载动力蓄电池信息中，部分内容也用于桩端工控屏显示实时数据。BMS 发送动力蓄电池状态信息报文举例如图 3-33 所示，其解析见表 3-35。

序号	通道	方向	帧类型	ID	帧数据	时间
584	通道1	接收	扩展数据帧	18 13 56 F4	51 52 01 51 02 00 D0	20:27:42.140.337

图3-33　BMS 发送动力蓄电池状态信息报文举例

表3-35　BMS 发送动力蓄电池状态信息报文举例解析

序号	报文	类别	解析
584	18 13 56 F4（H） 51 52 01 51 02 00 D0（H）	18 13 56 F4（H）	由 BMS 向非车载充电机发送了一帧 PGN 为 13、优先级为 18 的报文。其中"18"为优先级，"13"为参数组编号即 PGN，"56"为目的地址即非车载充电机，"F4"为源地址即 BMS。在分析本条 ID 中主要内容在于 13，对应 PGN（DEC）4864 的报文格式见表 3-36
		51 52 01 51 02 00 D0（H）	帧数据：51 52 01 51 02 00 D0（H） 依照表 3-36 的定义规定，这帧包含了多项信息。 ① 最高单体动力蓄电池电压所在编号：82号；（51转换成十进制为81）（81×1/位+1偏移量=82号） ② 最高动力蓄电池温度：32℃；（52转换成十进制为82）（82×1℃/位-50℃偏移量=32℃） ③ 最高温度检测点编号：2号；（01转换成十进制还是1）（1×1/位+1偏移量=2号） ④ 最低动力蓄电池温度：31℃；（51转换成十进制为81）（81×1℃/位-50℃偏移量=31℃） ⑤ 最低动力蓄电池温度检测点编号：3号；（02转换成十进制是2）（2×1/位+1偏移量=3号） SPN3090～3093 包含的四个信息需要转二进制，即"00"转成二进制的 0000 0000（位数不够的需要用 0 补齐），从右至左顺序为 1～8 位。 ⑥ 单体动力蓄电池电压过高/过低状态值：正常；（6.1位起长度2位即是 0000 0000。00 即是正常） ⑦ 整车动力蓄电池荷电状态 SOC 过高/过低状态值：正常；（6.3位起长度2位即是 0000 0000。00 即是正常）

（续）

序号	报文	类别	解析
584	18 13 56 F4（H） 51 52 01 51 02 00 D0（H）	51 52 01 51 02 00 D0（H）	⑧动力蓄电池充电过电流状态值：正常；（6.5 位起长度 2 位即是 0000 0000。00 即是正常） ⑨动力蓄电池温度过高状态值：正常；（6.7 位起长度 2 位即是 0000 0000。00 即是正常） SPN3094～3096 包含的三个信息需要转二进制，即"D0"转成二进制的 1101 0000。从右至左顺序为 1～8 位。 ⑩动力蓄电池绝缘状态：正常；（7.1 位起长度 2 位即是 1101 0000。00 即是正常） 动力蓄电池组输出插接器连接状态：正常；（7.3 位起长度 2 位即是 1101 0000。00 即是正常） 充电允许状态值：允许。（7.5 位起长度两位即是 1101 0000。01 = 允许；00 = 禁止） 解析结果为：BMS 向充电桩发送了一帧 BSM（动力蓄电池状态信息报文）；所载内容如上

表 3-36　PGN4864 报文格式（GB/T 27930—2015 中表 20）

起始字节或位	长度	SPN	SPN 定义	发送选项
1	1 字节	3085	最高单体动力蓄电池电压所在编号 数据分辨率：1/位，1 偏移量；数据范围：1～256	必须项
2	1 字节	3086	最高动力蓄电池温度 数据分辨率：1℃/位，-50℃偏移量；数据范围：-50～200℃	必须项
3	1 字节	3087	最高温度检测点编号 数据分辨率：1/位，1 偏移量；数据范围：1～128	必须项
4	1 字节	3088	最低动力蓄电池温度 数据分辨率：1℃/位，-50℃偏移量；数据范围：-50～200℃	必须项
5	1 字节	3089	最低温度检测点编号 数据分辨率：1/位，1 偏移量；数据范围：1～128	必须项
6.1	2 位	3090	单体动力蓄电池电压过高/过低 （＜00＞：= 正常；＜01＞：= 过高；＜10＞：= 过低）	必须项
6.3	2 位	3091	整车动力蓄电池荷电状态 SOC 过高/过低 （＜00＞：= 正常；＜01＞：= 过高；＜10＞：= 过低）	必须项
6.5	2 位	3092	动力蓄电池充电过电流 （＜00＞：= 正常；＜01＞：= 过流；＜10＞：= 不可信状态）	必须项
6.7	2 位	3093	动力蓄电池温度过高 （＜00＞：= 正常；＜01＞：= 过高；＜10＞：= 不可信状态）	必须项
7.1	2 位	3094	动力蓄电池绝缘状态 （＜00＞：= 正常；＜01＞：= 不正常；＜10＞：= 不可信状态）	必须项
7.3	2 位	3095	动力蓄电池组输出连接器连接状态 （＜00＞：= 正常；＜01＞：= 不正常；＜10＞：= 不可信状态）	必须项
7.5	2 位	3096	充电允许（＜00＞：= 禁止；＜01＞：= 允许）	必须项

5. BST：BMS 中止充电报文

报文功能：让充电机确认 BMS 将发送中止充电报文以令充电机结束充电过程以及结束充电原因。在充电阶段过程中，BMS 会不断进行检查表 3-38 中所载内容，如果发现有异常即发送此帧给充电机，充电机收到此帧报文后应立即停止充电。

在 BST 帧数据中分为三类故障原因，即 1）BMS 中止充电原因；2）BMS 中止充电故障原因；3）BMS 中止充电错误原因。BMS 中止充电报文举例如图 3-34 所示，解析见表 3-37。

序号	通道	方向	帧类型	ID	帧数据	时间
3226	通道1	接收	扩展数据帧	10 19 56 F4	10 00 00 F0	20:28:24 .038.923

图 3-34　BMS 中止充电报文举例

表 3-37　BMS 中止充电报文举例解析

序号	报文	类别	解析
3226	10 19 56 F4（H） 10 00 00 F0	10 19 56 F4（H）	由 BMS 向非车载充电机发送了一帧 PGN 为 19、优先级为 10 的报文。其中 "10" 为优先级，"19" 为参数组编号即 PGN，"56" 为目的地址即非车载充电机，"F4" 为源地址即 BMS。在分析本条 ID 中主要内容在于 19，对应 PGN（DEC）6400 的报文格式见表 3-38
		10 00 00 F0	依照表 3-38 的定义规定，这帧包含了三类信息：BMS 中止充电原因、BMS 中止充电故障原因、BMS 中止充电错误原因。 ① BMS 中止充电原因：10 需要转二进制，即 "10" 转成二进制的 0001 0000，从右至左顺序为 1~8 位。 依据表 3-38 SPN3511 BMS 中止充电原因，解析数据如下： 达到所需求的 SOC 目标值：未达到； （由至左数 1~2 位即是 0001 00 00。00 即是未达到） 达到总电压的设定值：未达到； （由至左数 3~4 位即是 0001 0000。00 即是未达到） 达到单体电压的设定值：达到； （由至左数 5~6 位即是 00 01 0000。01 即是达到） 充电机主动中止：正常。 （由至左数 7~8 位即是 0001 0000。00 即是正常） ② BMS 中止充电故障原因：00 00 需要转二进制，即 "00 00" 转成二进制的 "0000 0000 0000 0000"，从右至左顺序为 1~16 位。 依据表 3-38 SPN3512 BMS 中止充电故障原因，解析数据如下： 绝缘故障：正常； （由右至左 1~2 位：0000 0000 0000 00 00。00 = 正常） 输出插接器过温故障：正常； （由右至左 3~4 位：0000 0000 0000 0000。00 = 正常） BMS 元件、输出插接器过温：正常； （由右至左 5~6 位：0000 0000 00 0000。00 = 正常） 充电插接器故障：充电插接器正常； （由右至左 7~8 位：0000 0000 0000 0000。00 = 正常） 电池组温度过高故障：正常； （由右至左 9~10 位：0000 00 00 0000 0000。00 = 正常） 高压继电器故障：正常； （由右至左 11~12 位：0000 0000 0000 0000。00 = 正常） 检测点 2 电压检测故障：正常； （由右至左 13~14 位：00 00 0000 0000 0000。00 = 正常） 其他故障：正常。 （由右至左 15~16 位：0000 0000 0000 0000。00 = 正常） ③ BMS 中止充电错误原因：F0 需要转二进制，即 "F0" 转成二进制的 "1111 0000"，从右至左顺序为 1~8 位。 依据表 3-38 SPN3513 BMS 中止充电错误原因，解析数据如下： 电流过大：电流正常； （由右至左 1~2 位：1111 00 00。00 = 正常） 电压异常：正常。 （由右至左 3~4 位：1111 0000。00 = 正常） 解析结果为：BMS 向充电桩发送了一帧 BST（BMS 中止充电报文）：所载内容如上

表 3-38 PGN6400 报文格式（GB/T 27930—2015 中表 24）

起始字节或位	长度	SPN	SPN 定义	发送选项
1	1 字节	3511	BMS 中止充电原因	必须项
2	2 字节	3512	BMS 中止充电故障原因	必须项
4	1 字节	3513	BMS 中止充电错误原因	必须项

注：

1. SPN3511 BMS 中止充电原因

① 第 1~2 位：达到所需求的 SOC 目标值，<00> = 未达到所需 SOC 目标值；<01> = 达到所需 SOC 目标值；<10> = 不可信状态；

② 第 3~4 位：达到总电压的设定值，<00> = 未达到总电压设定值；<01> = 达到总电压设定值；<10> = 不可信状态；

③ 第 5~6 位：达到单体电压的设定值，<00> = 未达到单体电压设定值；<01> = 达到单体电压设定值；<10> = 不可信状态；

④ 第 7~8 位：充电机主动中止，<00> = 正常；<01> = 充电机中止（收到 CST 帧）；<10> = 不可信状态。

2. SPN3512 BMS 中止充电故障原因

① 第 1~2 位：绝缘故障，<00> = 正常；<01> = 故障；<10> = 不可信状态；

② 第 3~4 位：输出插接器过温故障，<00> = 正常；<01> = 故障；<10> = 不可信状态；

③ 第 5~6 位：BMS 元件、输出插接器过温，<00> = 正常；<01> = 故障；<10> = 不可信状态；

④ 第 7~8 位：充电插接器故障，<00> = 充电插接器正常；<01> = 充电插接器故障；<10> = 不可信状态；

⑤ 第 9~10 位：电池组温度过高故障，<00> = 电池组温度正常；<01> = 电池组温度过高；<10> = 不可信状态；

⑥ 第 11~12 位：高压继电器故障，<00> = 正常；<01> = 故障；<10> = 不可信状态；

⑦ 第 13~14 位：检测点 2 电压检测故障，<00> = 正常；<01> = 故障；<10> = 不可信状态；

⑧ 第 15~16 位：其他故障，<00> = 正常；<01> = 故障；<10> = 不可信状态。

3. SPN3513 BMS 中止充电错误原因

① 第 1~2 位：电流过大，<00> = 电流正常；<01> = 电流超过需求值；<10> = 不可信状态；

② 第 3~4 位：电压异常，<00> = 正常；<01> = 电压异常；<10> = 不可信状态。

6. CST：充电机中止充电报文

报文功能：BMS 确认充电机即将结束充电以及结束充电原因。

在充电阶段过程中，充电机会不断进行检查表 3-39 中所载内容，如果发现有异常即发送此帧给 BMS，BMS 在收到此帧报文后应立即停止充电。

在 CST 帧数据中分为三类故障原因，即 1) 充电机中止充电原因。2) 充电机中止充电故障原因。3) 充电机中止充电错误原因。充电机中止充电报文解析如图 3-35 所示，解析见表 3-40。

序号	通道	方向	帧类型	ID	帧数据	时间
3227	通道1	接收	扩展数据帧	10 1A F4 56	40 00 00 00	20:28:24.046.111

图 3-35 充电机中止充电报文举例

表 3-39　PGN6656 报文格式（GB/T 27930—2015 中表 25）

起始字节或位	长度	SPN	SPN 定义	发送选项
1	1 字节	3521	充电机中止充电原因	必须项
2	2 字节	3522	充电机中止充电故障原因	必须项
4	1 字节	3523	充电机中止充电错误原因	必须项

注：

1. SPN3521 充电机中止充电原因

① 第 1~2 位：达到充电机设定的条件中止，<00> = 正常；<01> = 达到充电机设定条件中止；<10> = 不可信状态；

② 第 3~4 位：人工中止，<00> = 正常；<01> = 人工中止；<10> = 不可信状态；

③ 第 5~6 位：故障中止，<00> = 正常；<01> = 故障中止；<10> = 不可信状态；

④ 第 7~8 位：BMS 主动中止，<00> = 正常；<01> = BMS 中止（收到 BST 帧）；<10> = 不可信状态。

2. SPN3522 充电机中止充电故障原因

① 第 1~2 位：充电机过温故障，<00> = 充电机温度正常；<01> = 充电机过温；<10> = 不可信状态；

② 第 3~4 位：充电插接器故障，<00> = 充电插接器正常；<01> = 充电插接器故障；<10> = 不可信状态；

③ 第 5~6 位：充电机内部过温故障，<00> = 充电机内部温度正常；<01> = 充电机内部过温；<10> = 不可信状态；

④ 第 7~8 位：所需电量不能传送，<00> = 电量传送正常；<01> = 电量不能传送；<10> = 不可信状态；

⑤ 第 9~10 位：充电机急停故障，<00> = 正常；<01> = 充电机急停；<10> = 不可信状态；

⑥ 第 11~12 位：其他故障，<00> = 正常；<01> = 故障；<10> = 不可信状态

3. SPN3523 充电机中止充电错误原因

① 第 1~2 位：电流不匹配，<00> = 电流匹配；<01> = 电流不匹配；<10> = 不可信状态；

② 第 3~4 位：电压异常，<00> = 正常；<01> = 电压异常；<10> = 不可信状态。

表 3-40　充电机中止充电报文举例解析

序号	报文	类别	解析
3227	10 1A F4 56（H） 40 00 00 00	10 1A F4 56（H）	由非车载充电机向 BMS 发送了一帧 PGN 为 1A、优先级为 10 的报文。其中"10"为优先级，"1A"为参数组编号即 PGN，"F4"为目的地址即 BMS，"56"为源地址即非车载充电机。在分析本条 ID 中主要内容在于 1A，对应 PGN（DEC）6656 的报文格式见表 3-40
		40 00 00 00	依照表 3-40 的定义规定，这帧包含了三类信息：充电机中止充电原因、充电机中止充电故障原因、充电机中止充电错误原因。 ① 充电机中止充电原因：40，需要转二进制，即"40"转成二进制为 0100 0000。从右至左顺序为 1~8 位。 依据表 3-40 SPN3521 充电机中止充电原因，解析数据如下： 达到充电机设定的条件中止：正常； （由右至左数 1~2 位即是 0100 00 00。00 即是正常） 人工中止：正常； （由右至左数 3~4 位即是 0100 0000。00 即是正常） 故障中止：正常； （由右至左数 5~6 位即是 01 00 0000。00 即是正常） BMS 主动中止：中止。 （由右至左数 7~8 位即是 0100 0000。01 即是中止） ② 充电机中止充电故障原因：00 00，需要转二进制，即"00 00"转二进制的"0000 0000 0000 0000"从右至左顺序为 1~16 位。

(续)

序号	报文	类别	解析
3227	10 1A F4 56（H）40 00 00 00	40 00 00 00	依据表 3-40 SPN3522 充电机中止充电故障原因，解析数据如下： 充电机过温故障：充电机温度正常； （由右至左 1~2 位：0000 0000 0000 00 00。00 = 正常） 充电插接器故障：充电插接器正常； （由右至左 3~4 位：0000 0000 0000 0000。00 = 正常） 充电机内部过温故障：充电机内部温度正常； （由右至左 5~6 位：0000 0000 0000 00 0000。00 = 正常） 所需电量不能传送：电量传送正常； （由右至左 7~8 位：0000 0000 0000 0000。00 = 正常） 充电机急停故障：正常； （由右至左 9~10 位：0000 00 00 0000 0000。00 = 正常） 其他故障：正常。 （由右至左 11~12 位：0000 0000 0000 0000。00 = 正常） ③ 充电机中止充电错误原因：00，需要转二进制，即 "00" 转成二进制的 "0000 0000"，从右至左顺序为 1~8 位。 依据表 3-40 SPN3523 充电机中止充电错误原因，解析数据如下： 电流不匹配：电流匹配； （由右至左 1~2 位：0000 0000。00 = 电流匹配） 电压异常：正常。 （由右至左 3~4 位：0000 0000。00 = 正常） 解析结果为：充电机向 BMS 发送了一帧 CST（充电机中止充电报文）：所载内容如上

3.3.5 充电结束阶段报文

充电结束阶段报文是整个充电阶段的充电统计数据，包括 BSD（BMS 统计数据）报文和 CSD（充电机统计数据）报文，总体报文如图 3-36 所示。

序号	通道	方向	帧 类 型	ID	帧 数 据	时间
3221	通道1	接收	扩展数据帧	18 12 F4 56	71 0D 81 0F 00 00 FD	20:28:23 .996.215
3222	通道1	接收	扩展数据帧	18 13 56 F4	51 52 01 51 07 00 D0	20:28:23 .999.007
3223	通道1	接收	扩展数据帧	18 10 56 F4	60 0E A0 0F 02	20:28:24 .028.943
3224	通道1	接收	扩展数据帧	10 19 56 F4	10 00 00 F0	20:28:24 .029.383
3225	通道1	接收	扩展数据帧	10 1A F4 56	40 00 00 00	20:28:24 .036.108
3226	通道1	接收	扩展数据帧	10 19 56 F4	10 00 00 F0	20:28:24 .038.923
3227	通道1	接收	扩展数据帧	10 1A F4 56	40 00 00 00	20:28:24 .046.111
3228	通道1	接收	扩展数据帧	18 1C 56 F4	64 54 01 6E 01 51 52	20:28:24 .049.007
3229	通道1	接收	扩展数据帧	18 1D F4 56	00 00 01 00 01 00 00 00	20:28:24 .056.259
3230	通道1	接收	扩展数据帧	18 1D F4 56	00 00 01 00 01 00 00 00	20:28:24 .306.290
3231	通道1	接收	扩展数据帧	18 1C 56 F4	64 54 01 6E 01 51 52	20:28:24 .308.997
3232	通道1	接收	扩展数据帧	18 1D F4 56	00 00 01 00 01 00 00 00	20:28:24 .556.320
3233	通道1	接收	扩展数据帧	18 1C 56 F4	64 54 01 6E 01 51 52	20:28:24 .568.992
3234	通道1	接收	扩展数据帧	18 1D F4 56	00 00 01 00 01 00 00 00	20:28:24 .806.352
3235	通道1	接收	扩展数据帧	18 1D F4 56	00 00 01 00 01 00 00 00	20:28:25 .056.382
3236	通道1	接收	扩展数据帧	18 1D F4 56	00 00 01 00 01 00 00 00	20:28:25 .306.413

图 3-36 充电结束阶段总体报文

1. BSD：BMS 统计数据报文

该报文功能是使充电机确认 BMS 对于本次充电过程的充电统计数据，例如图 3-37 所示，解析见表 3-41。

序号	通道	方向	帧类型	ID	帧数据	时间
3233	通道1	接收	扩展数据帧	18 1C 56 F4	64 54 01 6E 01 51 52	20:28:24 .568.992

图 3-37 BMS 统计数据报文举例

表 3-41 BMS 统计数据报文举例解析

序号	报文	类别	解析
3233	18 1C 56 F4（H） 64 54 01 6E 01 51 52	18 1C 56 F4（H）	由 BMS 向非车载充电机发送了一帧 PGN 为 1C、优先级为 18 的报文。其中"18"为优先级，"1C"为参数组编号即 PGN，"56"为目的地址即非车载充电机，"F4"为源地址即 BMS。在分析本条 ID 中主要内容在于 1C，对应 PGN（DEC）7168 的报文格式见表 3-42
		64 54 01 6E 01 51 52	依照表 3-42 的定义规定，这帧包含了五个信息，起始位起长度 1 字节"64"是中止荷电状态 SOC；第 2 字节起长度 2 字节"54 01"是动力蓄电池单体最低电压；第 4 字节起长度 2 字节"6E 01"是动力蓄电池单体最高电压；第 7 字节起长度 1 字节"52"是动力蓄电池最高温度。 依据表 3-42 解析数据如下： 中止荷电状态 SOC（%）：100% （64 转换成十进制为 100） （100×1%/位 +0% 偏移量 =100% SOC） 动力蓄电池单体最低电压（V）：3.4V； （54 01 读作 01 54 即 154 转换成十进制为 340） （340×0.01V/位 +0V 偏移量 =3.4V） 动力蓄电池单体最高电压（V）：3.66V； （6E 01 读作 01 6E 即 16E 转换成十进制为 366） （366×0.01V/位 +0V 偏移量 =3.66V） 动力蓄电池最低温度（℃）：31℃； （51 转换成十进制为 81） （81×1℃/位 −50℃ 偏移量 =31℃） 动力蓄电池最高温度（℃）：32℃。 （52 转换成十进制为 82） （82×1℃/位 −50℃ 偏移量 =32℃） 解析结果为：BMS 向充电机发送了一帧 BSD（BMS 统计数据）报文：中止荷电状态 SOC：100%、动力蓄电池单体最低电压：3.4V、动力蓄电池单体最高电压：3.66V、动力蓄电池最低温度：31℃、动力蓄电池最高温度：32℃

表 3-42　PGN7168 报文格式（GB/T 27930—2015 中表 26）

起始字节或位	长度	SPN	SPN 定义	发送选项
1	1 字节	3601	中止荷电状态 SOC（%） 数据分辨率：1%/位，0% 偏移量；数据范围：0~100%	必须项
2	2 字节	3602	动力蓄电池单体最低电压（V） 数据分辨率：0.01V/位，0V 偏移量；数据范围：0~24V	必须项
4	2 字节	3603	动力蓄电池单体最高电压（V） 数据分辨率：0.01V/位，0V 偏移量；数据范围：0~24V	必须项
6	1 字节	3604	动力蓄电池最低温度（℃） 数据分辨率：1℃/位，-50℃ 偏移量；数据范围：-50~200℃	必须项
7	1 字节	3605	动力蓄电池最高温度（℃） 数据分辨率：1℃/位，-50℃ 偏移量；数据范围：-50~200℃	必须项

2. CSD：充电机统计数据报文

充电时统计数据报文举例如图 3-38 所示，解析见表 3-43。

序号	通道	方向	帧类型	ID	帧数据	时间
3234	通道1	接收	扩展数据帧	18 1D F4 56	00 00 01 00 01 00 00 00	20:28:24.806.352

图 3-38　充电机统计数据报文举例

表 3-43　充电机统计数据报文举例解析

序号	报文	类别	解析
3234	18 1D F4 56（H） 00 00 01 00 01 00 00 00	18 1D F4 56（H）	由非车载充电机向 BMS 发送了一帧 PGN 为 1D、优先级为 18 的报文。其中"18"为优先级，"1D"为参数组编号即 PGN，"F4"为目的地址即 BMS，"56"为源地址即非车载充电机。在分析本条 ID 中主要内容在于 1D，对应 PGN（DEC）7424 的报文格式见表 3-44
		00 00 01 00 01 00 00 00	依照表 3-44 的定义规定，这帧包含了三个信息，起始字节起长度 2 字节"00 00"是累计充电时间；第 3 字节起长度 2 字节"01 00"是输出能量；第 5 字节起长度 4 字节"01 00 00 00"是充电机编号 依据表 3-44 解析数据如下： 累计充电时间（min）：0min； （00 00 转换成十进制为 0） （0×1min/位 +0min 偏移量 =0min） 输出能量（kW·h）：0.1kW·h （01 00 读作 00 01 即 1 转换成十进制还是 1） （1×0.1kW·h/位 +0kW·h 偏移量 =0.1kW·h） 充电机编号：00 00 00 01 号 （从右（H）向左直读 00 00 00 01 号） 解析结果为：充电机向 BMS 发送了一帧 CSD（充电机统计数据）报文：累计充电时间（min）：0 min、输出能量（kW·h）：0.1kW·h、充电机编号：00 00 00 01 号

表 3-44　PGN7424 报文格式（GB/T 27930—2015 中表 27）

起始字节或位	长度	SPN	SPN 定义	发送选项
1	2 字节	3611	累计充电时间（min） 数据分辨率：1min/位，0min 偏移量；数据范围：0~600min	必须项
3	2 字节	3612	输出能量（kW·h） 数据分辨率：0.1kW·h/位，0kW·h 偏移量；数据范围：0~1000kW·h	必须项
5	4 字节	3613	充电机编号，1/位，1 偏移量， 数据范围：0~0xFFFFFFFF	必须项

3.3.6　错误报文

错误报文分类见表 3-45。其中 PGN7680 报文格式见表 3-46，PGN7936 报文格式见表 3-47。

表 3-45　错误报文分类（GB/T 27930—2015 中表 7）

报文代号	报文描述	PGN（DEC）	PGN（HEX）	优先权	数据长度/B	报文周期/ms	源地址 - 目的地址
BEM	BMS 错误报文	7680	001E00H	2	4	250	BMS - 充电机
CEM	充电机错误报文	7936	001F00H	2	4	250	充电机 - BMS

表 3-46　PGN7680 报文格式（GB/T 27930—2015 中表 28）

起始字节或位	长度	SPN	SPN 定义	发送选项
1.1	2 位	3901	接收 SPN2560 = 0x00 的充电机辨识报文超时 （<00>：= 正常；<01>：= 超时；<10>：= 不可信状态）	必须项
1.3	2 位	3902	接收 SPN2560 = 0xAA 的充电机辨识报文超时 （<00>：= 正常；<01>：= 超时；<10>：= 不可信状态）	必须项
2.1	2 位	3903	接收充电机的时间同步和充电机最大输出能力报文超时 （<00>：= 正常；<01>：= 超时；<10>：= 不可信状态；	必须项
2.3	2 位	3904	接收充电机完成充电准备报文超时 （<00>：= 正常；<01>：= 超时；<10>：= 不可信状态）	必须项
3.1	2 位	3905	接收充电机充电状态报文超时 （<00>：= 正常；<01>：= 超时；<10>：= 不可信状态）	必须项
3.3	2 位	3906	接收充电机中止充电报文超时 （<00>：= 正常；<01>：= 超时；<10>：= 不可信状态）	必须项
4.1	2 位	3907	接收充电机充电统计报文超时 （<00>：= 正常；<01>：= 超时；<10>：= 不可信状态）	必须项
4.3	6 位		其他	可选项

表 3-47　PGN7936 报文格式（GB/T 27930—2015 中表 29）

起始字节或位	长度	SPN	SPN 定义	发送选项
1.1	2 位	3921	接收 BMS 和车辆的辨识报文超时 （<00>：＝正常；<01>：＝超时；<10>：＝不可信状态）	必须项
2.1	2 位	3922	接收电池充电参数报文超时 （<00>：＝正常；<01>：＝超时；<10>：＝不可信状态）	必须项
2.3	2 位	3923	接收 BMS 完成充电准备报文超时 （<00>：＝正常；<01>：＝超时；<10>：＝不可信状态）	必须项
3.1	2 位	3924	接收电池充电总状态报文超时 （<00>：＝正常；<01>：＝超时；<10>：＝不可信状态）	必须项
3.3	2 位	3925	接收电池充电要求报文超时 （<00>：＝正常；<01>：＝超时；<10>：＝不可信状态）	必须项
3.5	2 位	3926	接收电池充电要求报文超时 （<00>：＝正常；<01>：＝超时；<10>：＝不可信状态）	必须项
4.1	2 位	3927	接收 BMS 充电统计报文超时 （<00>：＝正常；<01>：＝超时；<10>：＝不可信状态）	必须项
4.3	6 位		其他	可选项

本 章 小 结

1. 直流充电桩充电流程分为：物理连接完成、低压辅助上电、充电握手阶段、充电参数配置阶段、充电阶段、充电结束阶段。

2. 充电报文中的数据都是 16 进制代码，需按协议转换为十进制或二进制。在打开所截取的报文后，通过通信协议解读即可准确地还原充电机、动力蓄电池的工作状态，由此可迅速地定位故障，实现快速排故。

3. 报文 ID 地址说明：帧 ID 高位代表源地址，国标中规定了 56 为非车载充电机、F4 为 BMS。

实训项目　直流充电系统检查

实训 5　充电模式 4 实车充电采报文

1. 实训目标

掌握充电系统运行时采报文的方法。

2. 仪器和设备

1）防护装备：安全防护用具。

2）车辆：北汽新能源 EV160。

3）专用工具、设备：充电模式 4、危险警示牌、隔离围挡、车轮挡块、PCAN 分析仪和上位机、科学计算器、CAN 分析套装。

3. 安全操作注意事项

1) 请勿不戴防护用具直接用手触摸携带高压警告标识的部位。

2) 启动充电前,必须确认行、驻车制动功能可靠;车辆处于 P 位或 OFF 档位,拉紧驻车制动 5 齿,并设车轮挡块。

3) 使用充电设备时,需佩戴绝缘手套。

4) 充电时严禁打开充电模式 4 柜门,非紧急情况不可操作急停开关。

4. 操作过程

(1) 车辆插座触头检查　车辆插座触头布置如图 3-39 所示,检查项目见表 3-48。

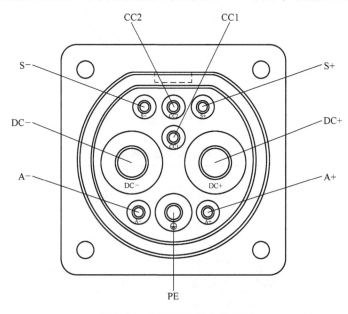

图 3-39　车辆插座触头布置图

表 3-48　车辆插座检查

序号	触头号	标准	实测	性能判定
1	PE	无锈蚀、机械损伤	外观检查	
2	PE 与车身搭铁电阻值	<0.5Ω	Ω	
3	DC +	无锈蚀、机械损伤	外观检查	
4	DC −	无锈蚀、机械损伤	外观检查	
5	A +	无锈蚀、机械损伤	外观检查	
6	A −	无锈蚀、机械损伤	外观检查	
7	S +	无锈蚀、机械损伤	外观检查	
8	S −	无锈蚀、机械损伤	外观检查	
9	CC1	无锈蚀、机械损伤	外观检查	
10	CC2	无锈蚀、机械损伤	外观检查	

(2) 车辆插头触头检查

车辆插头触头布置如图 3-40 所示,检查项目见表 3-49 所示。

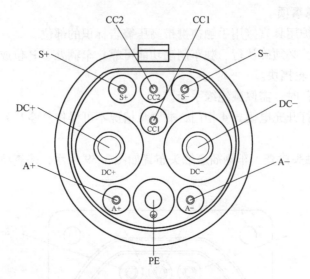

图 3-40 车辆插头触头布置图

表 3-49 车辆插头触头检查项目

序号	触头号	标准	实测	性能判定
1	PE	无锈蚀、机械损伤	外观检查	
2	PE 与桩体接地电阻值	<0.5Ω	Ω	
3	DC +	无锈蚀、机械损伤	外观检查	
4	DC −	无锈蚀、机械损伤	外观检查	
5	A +	无锈蚀、机械损伤	外观检查	
6	A −	无锈蚀、机械损伤	外观检查	
7	S +	无锈蚀、机械损伤	外观检查	
8	S −	无锈蚀、机械损伤	外观检查	
9	CC1	无锈蚀、机械损伤	外观检查	
10	CC2	无锈蚀、机械损伤	外观检查	

(3) 上位机软件打开

点击上位机软件图标,打开软件,图标如图 3-41 所示,上位机软件操作界面如图 3-42 所示。

图 3-41 上位机软件图标

第 3 章　直流充电技术

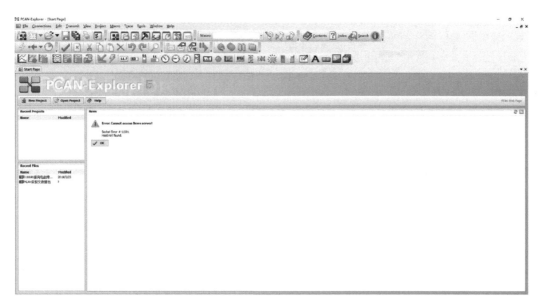

图 3-42　上位机软件操作界面

（4）PCAN 设备连接上位机

PCAN 设备连接上位机，如图 3-43 所示。

图 3-43　PCAN 设备连接上位机

（5）CAN 网络的连接

完成 CAN 网络的连接，OBD 接口布置如图 3-44 所示。

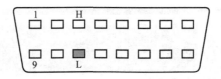

图 3-44　OBD 接口布置

（6）上位机软件调试并启动

上位机软件调试并启动如图 3-45 所示。

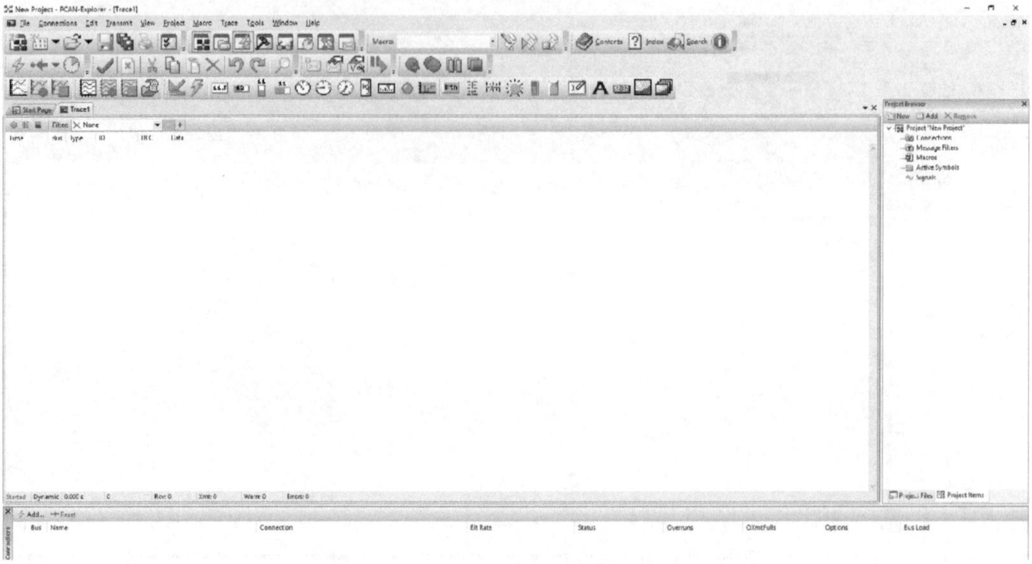

图 3-45 上位机软件调试并启动

(7) 启动充电模式 4

启动充电模式 4，如图 3-46 所示。

图 3-46 启动充电模式 4

(8) 观察充电模式 4 机屏显示信息

充电模式 4 显示信息如图 3-47 所示。

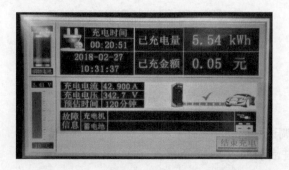

图 3-47 充电模式 4 机屏显示信息

第3章 直流充电技术

(9) 观察上位机软件报文信息

上位机软件报文信息如图 3-48 所示。

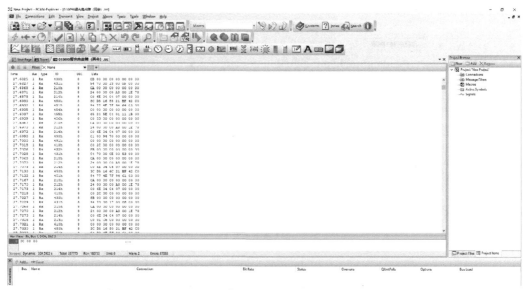

图 3-48　上位机软件报文

(10) 观察车辆仪表显示充电相关信息

车辆仪表显示充电相关信息如图 3-49 所示。

图 3-49　车辆仪表显示充电相关信息

(11) 机屏操作手动停止

机屏操作手动停止充电如图 3-50 所示。

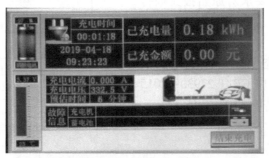

图 3-50　手动停止充电

(12) 断开车辆与充电模式 4 物理连接

(13) 报文的保存

报文保存如图 3-51 所示。

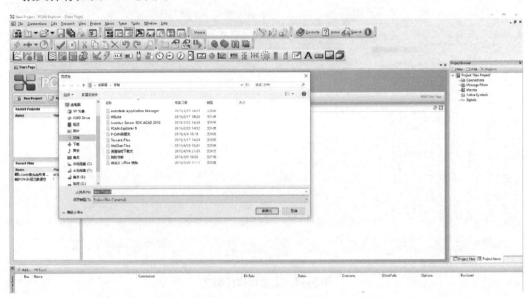

图 3-51　报文保存

实训 6　报文解析

1. 实训目标

依据 GB/T 27930—2015 进行关键报文解析。

2. 仪器和设备

投影和多媒体设备、白板、笔、科学计算器。

3. 操作过程

任务工单给出了正常充电报文，并依照 GB/T 27930—2015 所规定的不同阶段对原始报文进行了分类整理，要求对原始报文进行正确的识别并解析。

(1) 填写报文信息

请在图 3-52 中补充完成充电总体流程，依照充电总体流程图对应 GB/T 27930—2015 在表 3-50 中写出报文代号、ID、功能。

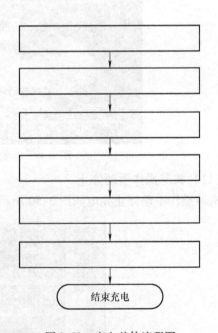

图 3-52　充电总体流程图

表 3-50　报文代号、ID、功能

序号	阶段	报文代号	报文 ID	报文功能
1	充电握手阶段			
2				
3				
4				
5	充电参数配置阶段			
6				
7				
8				
9				
10	充电阶段			
11				
12				
13				
14				
15				
16				
17				
18				
19	充电结束阶段			
20				
21	错误报文			
22				

（2）充电握手阶段报文及分析

充电握手阶段报文如图 3-53～图 3-56 所示，请在表 3-51 中写出充电握手阶段报文分析。

（3）参数配置阶段报文及分析

充电参数配置阶段报文如图 3-57 和图 3-58 所示，请在表 3-52 中写出参数配置阶段报文分析。

序号	通道	方向	帧类型	ID	帧数据	时间
0	通道1	接收	扩展数据帧	18 26 F4 56	01 01 00	20:27:01.485.240
1	通道1	接收	扩展数据帧	18 26 F4 56	01 01 00	20:27:01.735.272
2	通道1	接收	扩展数据帧	18 26 F4 56	01 01 00	20:27:01.985.298
3	通道1	接收	扩展数据帧	18 26 F4 56	01 01 00	20:27:02.235.329
4	通道1	接收	扩展数据帧	18 26 F4 56	01 01 00	20:27:02.485.360
5	通道1	接收	扩展数据帧	18 27 56 F4	60 0E	20:27:02.491.476
6	通道1	接收	扩展数据帧	18 26 F4 56	01 01 00	20:27:02.735.395
7	通道1	接收	扩展数据帧	18 27 56 P4	60 0E	20:27:02.741.467
8	通道1	接收	扩展数据帧	18 26 F4 56	01 01 00	20:27:02.985.426
9	通道1	接收	扩展数据帧	18 27 56 P4	60 0E	20:27:02.991.458
10	通道1	接收	扩展数据帧	18 26 F4 56	01 01 00	20:27:03.235.453
11	通道1	接收	扩展数据帧	18 27 56 P4	60 0E	20:27:03.241.457
12	通道1	接收	扩展数据帧	18 26 F4 56	01 01 00	20:27:03.486.285
13	通道1	接收	扩展数据帧	18 27 56 P4	60 0E	20:27:03.491.444
14	通道1	接收	扩展数据帧	18 26 F4 56	01 01 00	20:27:03.736.315
15	通道1	接收	扩展数据帧	18 27 56 P4	60 0E	20:27:03.741.435
16	通道1	接收	扩展数据帧	18 26 F4 56	01 01 00	20:27:03.986.346
17	通道1	接收	扩展数据帧	18 27 56 P4	60 0E	20:27:03.991.426
18	通道1	接收	扩展数据帧	18 26 F4 56	01 01 00	20:27:04.236.377
19	通道1	接收	扩展数据帧	18 27 56 P4	60 0E	20:27:04.241.417
20	通道1	接收	扩展数据帧	18 26 F4 56	01 01 00	20:27:04.486.407
21	通道1	接收	扩展数据帧	18 27 56 P4	60 0E	20:27:04.491.408
22	通道1	接收	扩展数据帧	18 26 F4 56	01 01 00	20:27:04.736.435
23	通道1	接收	扩展数据帧	18 27 56 P4	60 0E	20:27:04.741.399
24	通道1	接收	扩展数据帧	18 26 F4 56	01 01 00	20:27:04.986.466
25	通道1	接收	扩展数据帧	18 27 56 P4	60 0E	20:27:04.991.394
26	通道1	接收	扩展数据帧	18 26 F4 56	01 01 00	20:27:05.236.497
27	通道1	接收	扩展数据帧	18 27 56 P4	60 0E	20:27:05.241.385
28	通道1	接收	扩展数据帧	18 26 F4 56	01 01 00	20:27:05.486.528
29	通道1	接收	扩展数据帧	18 27 56 P4	60 0E	20:27:05.491.376
30	通道1	接收	扩展数据帧	18 26 F4 56	01 01 00	20:27:05.736.559
31	通道1	接收	扩展数据帧	18 27 56 P4	60 0E	20:27:05.741.367
32	通道1	接收	扩展数据帧	18 26 F4 56	01 01 00	20:27:05.986.590
33	通道1	接收	扩展数据帧	18 27 56 P4	60 0E	20:27:05.991.358
34	通道1	接收	扩展数据帧	18 26 F4 56	01 01 00	20:27:06.236.617
35	通道1	接收	扩展数据帧	18 27 56 P4	60 0E	20:27:06.241.349
36	通道1	接收	扩展数据帧	18 26 F4 56	01 01 00	20:27:06.486.648
37	通道1	接收	扩展数据帧	18 27 56 P4	60 0E	20:27:06.491.344
38	通道1	接收	扩展数据帧	18 26 F4 56	01 01 00	20:27:06.736.680
39	通道1	接收	扩展数据帧	18 27 56 P4	60 0E	20:27:06.741.339
40	通道1	接收	扩展数据帧	18 26 F4 56	01 01 00	20:27:06.986.710
41	通道1	接收	扩展数据帧	18 27 56 P4	60 0E	20:27:06.991.326
42	通道1	接收	扩展数据帧	18 26 F4 56	01 01 00	20:27:07.236.741
43	通道1	接收	扩展数据帧	18 27 56 P4	60 0E	20:27:07.241.325
44	通道1	接收	扩展数据帧	18 26 F4 56	01 01 00	20:27:07.486.773
45	通道1	接收	扩展数据帧	18 27 56 P4	60 0E	20:27:07.491.312
46	通道1	接收	扩展数据帧	18 26 F4 56	01 01 00	20:27:07.736.799
47	通道1	接收	扩展数据帧	18 27 56 P4	60 0E	20:27:07.741.303
48	通道1	接收	扩展数据帧	18 26 F4 56	01 01 00	20:27:07.986.831
49	通道1	接收	扩展数据帧	18 27 56 P4	60 0E	20:27:07.991.298

图 3-53 充电握手阶段报文 1

50	通道1	接收	扩展数据帧	18	26	P4	56	01 01 00		20:27:08 . 236.862
51	通道1	接收	扩展数据帧	18	27	56	P4	60 0E		20:27:08 . 241.285
52	通道1	接收	扩展数据帧	18	26	P4	56	01 01 00		20:27:08 . 486.892
53	通道1	接收	扩展数据帧	18	27	56	P4	60 0E		20:27:08 . 491.276
54	通道1	接收	扩展数据帧	18	26	P4	56	01 01 00		20:27:08 . 736.924
55	通道1	接收	扩展数据帧	18	27	56	P4	60 0E		20:27:08 . 741.283
56	通道1	接收	扩展数据帧	18	26	P4	56	01 01 00		20:27:08 . 986.950
57	通道1	接收	扩展数据帧	18	27	56	P4	60 0E		20:27:08 . 991.258
58	通道1	接收	扩展数据帧	18	26	P4	56	01 01 00		20:27:09 . 236.982
59	通道1	接收	扩展数据帧	18	27	56	P4	60 0E		20:27:09 . 241.262
60	通道1	接收	扩展数据帧	18	26	P4	56	01 01 00		20:27:09 . 487.014
61	通道1	接收	扩展数据帧	18	27	56	P4	60 0E		20:27:09 . 491.245
62	通道1	接收	扩展数据帧	18	26	P4	56	01 01 00		20:27:09 . 737.044
63	通道1	接收	扩展数据帧	18	27	56	P4	60 0E		20:27:09 . 741.236
64	通道1	接收	扩展数据帧	18	26	P4	56	01 01 00		20:27:09 . 987.075
65	通道1	接收	扩展数据帧	18	27	56	P4	60 0E		20:27:09 . 991.231
66	通道1	接收	扩展数据帧	18	26	P4	56	01 01 00		20:27:10 . 237.103
67	通道1	接收	扩展数据帧	18	27	56	P4	60 0E		20:27:10 . 241.219
68	通道1	接收	扩展数据帧	18	26	P4	56	01 01 00		20:27:10 . 487.134
69	通道1	接收	扩展数据帧	18	27	56	P4	60 0E		20:27:10 . 491.210
70	通道1	接收	扩展数据帧	18	26	P4	56	01 01 00		20:27:10 . 737.165
71	通道1	接收	扩展数据帧	18	27	56	P4	60 0E		20:27:10 . 741.205
72	通道1	接收	扩展数据帧	18	26	P4	56	01 01 00		20:27:10 . 987.196
73	通道1	接收	扩展数据帧	18	27	56	P4	60 0E		20:27:10 . 991.192
74	通道1	接收	扩展数据帧	18	26	P4	56	01 01 00		20:27:11 . 237.227
75	通道1	接收	扩展数据帧	18	27	56	P4	60 0E		20:27:11 . 241.192
76	通道1	接收	扩展数据帧	18	26	P4	56	01 01 00		20:27:11 . 487.255
77	通道1	接收	扩展数据帧	18	27	56	P4	60 0E		20:27:11 . 491.179
78	通道1	接收	扩展数据帧	18	26	P4	56	01 01 00		20:27:11 . 737.286
79	通道1	接收	扩展数据帧	18	27	56	P4	60 0E		20:27:11 . 741.166
80	通道1	接收	扩展数据帧	18	26	P4	56	01 01 00		20:27:11 . 987.317
81	通道1	接收	扩展数据帧	18	27	56	P4	60 0E		20:27:11 . 991.157
82	通道1	接收	扩展数据帧	18	26	P4	56	01 01 00		20:27:12 . 237.348
83	通道1	接收	扩展数据帧	18	27	56	P4	60 0E		20:27:12 . 241.149
84	通道1	接收	扩展数据帧	18	26	P4	56	01 01 00		20:27:12 . 487.380
85	通道1	接收	扩展数据帧	18	27	56	P4	60 0E		20:27:12 . 491.139
86	通道1	接收	扩展数据帧	18	26	P4	56	01 01 00		20:27:12 . 737.406
87	通道1	接收	扩展数据帧	18	27	56	P4	60 0E		20:27:12 . 741.135
88	通道1	接收	扩展数据帧	18	26	P4	56	01 01 00		20:27:12 . 987.438
89	通道1	接收	扩展数据帧	18	27	56	P4	60 0E		20:27:12 . 991.126
90	通道1	接收	扩展数据帧	18	26	P4	56	01 01 00		20:27:13 . 237.470
91	通道1	接收	扩展数据帧	18	27	56	P4	60 0E		20:27:13 . 241.118
92	通道1	接收	扩展数据帧	18	26	P4	56	01 01 00		20:27:13 . 487.500
93	通道1	接收	扩展数据帧	18	27	56	P4	60 0E		20:27:13 . 491.108
94	通道1	接收	扩展数据帧	18	26	P4	56	01 01 00		20:27:13 . 737.528
95	通道1	接收	扩展数据帧	18	27	56	P4	60 0E		20:27:13 . 741.100
96	通道1	接收	扩展数据帧	18	26	P4	56	01 01 00		20:27:13 . 987.559
97	通道1	接收	扩展数据帧	18	27	56	P4	60 0E		20:27:13 . 991.091
98	通道1	接收	扩展数据帧	18	26	P4	56	01 01 00		20:27:14 . 237.591
99	通道1	接收	扩展数据帧	18	27	56	P4	60 0E		20:27:14 . 241.083
100	通道1	接收	扩展数据帧	18	26	P4	56	01 01 00		20:27:14 . 487.621

图 3-54　充电握手阶段报文 2

101	通道1 接收	扩展数据帧	18 27 56 F4	60 0E		20:27:14.491.074
102	通道1 接收	扩展数据帧	18 26 P4 56	01 01 00		20:27:14.737.649
103	通道1 接收	扩展数据帧	18 27 56 P4	60 0E		20:27:14.741.068
104	通道1 接收	扩展数据帧	18 26 P4 56	01 01 00		20:27:14.987.679
105	通道1 接收	扩展数据帧	18 27 56 P4	60 0E		20:27:14.991.059
106	通道1 接收	扩展数据帧	18 26 P4 56	01 01 00		20:27:15.237.711
107	通道1 接收	扩展数据帧	18 27 56 P4	60 0E		20:27:15.241.050
108	通道1 接收	扩展数据帧	18 26 P4 56	01 01 00		20:27:15.487.742
109	通道1 接收	扩展数据帧	18 27 56 P4	60 0E		20:27:15.491.042
110	通道1 接收	扩展数据帧	18 26 P4 56	01 01 00		20:27:15.737.773
111	通道1 接收	扩展数据帧	18 27 56 P4	60 0E		20:27:15.741.033
112	通道1 接收	扩展数据帧	18 26 P4 56	01 01 00		20:27:15.987.800
113	通道1 接收	扩展数据帧	18 27 56 P4	60 0E		20:27:15.991.024
114	通道1 接收	扩展数据帧	18 26 P4 56	01 01 00		20:27:16.237.831
115	通道1 接收	扩展数据帧	18 27 56 P4	60 0E		20:27:16.241.015
116	通道1 接收	扩展数据帧	18 26 P4 56	01 01 00		20:27:16.487.862
117	通道1 接收	扩展数据帧	18 27 56 P4	60 0E		20:27:16.491.006
118	通道1 接收	扩展数据帧	18 26 P4 56	01 01 00		20:27:16.737.893
119	通道1 接收	扩展数据帧	18 27 56 P4	60 0E		20:27:16.741.005
120	通道1 接收	扩展数据帧	18 26 P4 56	01 01 00		20:27:16.987.924
121	通道1 接收	扩展数据帧	18 27 56 P4	60 0E		20:27:16.991.000
122	通道1 接收	扩展数据帧	18 26 P4 56	01 01 00		20:27:17.237.955
123	通道1 接收	扩展数据帧	18 27 56 P4	60 0E		20:27:17.240.991
124	通道1 接收	扩展数据帧	18 26 P4 56	01 01 00		20:27:17.487.986
125	通道1 接收	扩展数据帧	18 27 56 P4	60 0E		20:27:17.490.986
126	通道1 接收	扩展数据帧	18 26 P4 56	01 01 00		20:27:17.738.013
127	通道1 接收	扩展数据帧	18 27 56 P4	60 0E		20:27:17.740.969
128	通道1 接收	扩展数据帧	18 26 P4 56	01 01 00		20:27:17.988.044
129	通道1 接收	扩展数据帧	18 27 56 P4	60 0E		20:27:17.990.972
130	通道1 接收	扩展数据帧	18 26 P4 56	01 01 00		20:27:18.238.075
131	通道1 接收	扩展数据帧	18 27 56 P4	60 0E		20:27:18.240.951
132	通道1 接收	扩展数据帧	18 26 P4 56	01 01 00		20:27:18.488.106
133	通道1 接收	扩展数据帧	18 27 56 P4	60 0E		20:27:18.490.958
134	通道1 接收	扩展数据帧	18 26 P4 56	01 01 00		20:27:18.738.137
135	通道1 接收	扩展数据帧	18 27 56 P4	60 0E		20:27:18.740.937
136	通道1 接收	扩展数据帧	18 26 P4 56	01 01 00		20:27:18.988.168
137	通道1 接收	扩展数据帧	18 27 56 P4	60 0E		20:27:18.990.936
138	通道1 接收	扩展数据帧	18 26 P4 56	01 01 00		20:27:19.238.195
139	通道1 接收	扩展数据帧	18 27 56 P4	60 0E		20:27:19.240.923
140	通道1 接收	扩展数据帧	18 26 P4 56	01 01 00		20:27:19.488.229
141	通道1 接收	扩展数据帧	18 27 56 P4	60 0E		20:27:19.490.922
142	通道1 接收	扩展数据帧	18 26 P4 56	01 01 00		20:27:19.738.256
143	通道1 接收	扩展数据帧	18 27 56 P4	60 0E		20:27:19.740.909
144	通道1 接收	扩展数据帧	18 26 P4 56	01 01 00		20:27:19.988.287
145	通道1 接收	扩展数据帧	18 27 56 P4	60 0E		20:27:19.990.907
146	通道1 接收	扩展数据帧	18 26 P4 56	01 01 00		20:27:20.238.318
147	通道1 接收	扩展数据帧	18 27 56 P4	60 0E		20:27:20.240.886
148	通道1 接收	扩展数据帧	18 26 P4 56	01 01 00		20:27:20.488.349
149	通道1 接收	扩展数据帧	18 27 56 P4	60 0E		20:27:20.490.893
150	通道1 接收	扩展数据帧	18 26 P4 56	01 01 00		20:27:20.738.380
151	通道1 接收	扩展数据帧	18 27 56 P4	60 0E		20:27:20.740.872

图 3-55 充电握手阶段报文 3

152	通道1	接收	扩展数据帧	18 26 F4 56	01 01 00	20:27:20.988.411
153	通道1	接收	扩展数据帧	18 27 56 F4	60 0E	20:27:20.990.874
154	通道1	接收	扩展数据帧	18 26 F4 56	01 01 00	20:27:21.238.437
155	通道1	接收	扩展数据帧	18 27 56 F4	60 0E	20:27:21.240.858
156	通道1	接收	扩展数据帧	18 26 F4 56	01 01 00	20:27:21.488.469
157	通道1	接收	扩展数据帧	18 27 56 F4	60 0E	20:27:21.490.857
158	通道1	接收	扩展数据帧	18 26 F4 56	01 01 00	20:27:21.738.499
159	通道1	接收	扩展数据帧	18 27 56 F4	60 0E	20:27:21.740.835
160	通道1	接收	扩展数据帧	18 26 F4 56	01 01 00	20:27:21.988.530
161	通道1	接收	扩展数据帧	18 27 56 F4	60 0E	20:27:21.990.826
162	通道1	接收	扩展数据帧	18 26 F4 56	01 01 00	20:27:22.238.561
163	通道1	接收	扩展数据帧	18 27 56 F4	60 0E	20:27:22.240.817
164	通道1	接收	扩展数据帧	18 26 F4 56	01 01 00	20:27:22.488.591
165	通道1	接收	扩展数据帧	18 27 56 F4	60 0E	20:27:22.490.811
166	通道1	接收	扩展数据帧	18 26 F4 56	01 01 00	20:27:22.738.622
167	通道1	接收	扩展数据帧	18 27 56 F4	60 0E	20:27:22.740.802
168	通道1	接收	扩展数据帧	18 26 F4 56	01 01 00	20:27:22.988.653
169	通道1	接收	扩展数据帧	18 27 56 F4	60 0E	20:27:22.990.793
170	通道1	接收	扩展数据帧	18 26 F4 56	01 01 00	20:27:23.238.684
171	通道1	接收	扩展数据帧	18 27 56 F4	60 0E	20:27:23.240.784
172	通道1	接收	扩展数据帧	18 26 F4 56	01 01 00	20:27:23.488.715
173	通道1	接收	扩展数据帧	18 27 56 F4	60 0E	20:27:23.490.779
174	通道1	接收	扩展数据帧	18 26 F4 56	01 01 00	20:27:23.738.742
175	通道1	接收	扩展数据帧	18 27 56 F4	60 0E	20:27:23.740.769
176	通道1	接收	扩展数据帧	18 26 F4 56	01 01 00	20:27:23.988.772
177	通道1	接收	扩展数据帧	18 27 56 F4	60 0E	20:27:23.990.760
178	通道1	接收	扩展数据帧	18 26 F4 56	01 01 00	20:27:24.238.803
179	通道1	接收	扩展数据帧	18 27 56 F4	60 0E	20:27:24.240.751
180	通道1	接收	扩展数据帧	18 26 F4 56	01 01 00	20:27:24.488.835
181	通道1	接收	扩展数据帧	18 27 56 F4	60 0E	20:27:24.490.746
182	通道1	接收	扩展数据帧	18 26 F4 56	01 01 00	20:27:24.738.864
183	通道1	接收	扩展数据帧	18 27 56 F4	60 0E	20:27:24.740.737
184	通道1	接收	扩展数据帧	18 26 F4 56	01 01 00	20:27:24.988.896
185	通道1	接收	扩展数据帧	18 27 56 F4	60 0E	20:27:24.990.729
186	通道1	接收	扩展数据帧	18 26 F4 56	01 01 00	20:27:25.238.927
187	通道1	接收	扩展数据帧	18 27 56 F4	60 0E	20:27:25.240.719
188	通道1	接收	扩展数据帧	18 26 F4 56	01 01 00	20:27:25.488.957
189	通道1	接收	扩展数据帧	18 27 56 F4	60 0E	20:27:25.490.713
190	通道1	接收	扩展数据帧	18 26 F4 56	01 01 00	20:27:25.738.984
191	通道1	接收	扩展数据帧	18 27 56 F4	60 0E	20:27:25.740.705
192	通道1	接收	扩展数据帧	18 26 F4 56	01 01 00	20:27:25.989.015
193	通道1	接收	扩展数据帧	18 27 56 F4	60 0E	20:27:25.990.695
194	通道1	接收	扩展数据帧	18 26 F4 56	01 01 00	20:27:26.239.047
195	通道1	接收	扩展数据帧	18 27 56 F4	60 0E	20:27:26.240.686
196	通道1	接收	扩展数据帧	18 01 F4 56	00 01 00 00 00 31 32 33	20:27:26.249.218
197	通道1	接收	扩展数据帧	1C EC 56 F4	10 31 00 07 07 00 02 00	20:27:26.250.906
198	通道1	接收	扩展数据帧	1C EC F4 56	11 07 01 FF FF 00 02 00	20:27:26.251.503
199	通道1	接收	扩展数据帧	1C EB 56 F4	01 01 01 00 03 20 03 42	20:27:26.260.902
200	通道1	接收	扩展数据帧	1C EB 56 F4	02 0E FF FF FF FF FF FF	20:27:26.270.914
201	通道1	接收	扩展数据帧	1C EB 56 F4	03 FF FF FF FF FF FF FF	20:27:26.280.918
202	通道1	接收	扩展数据帧	1C EB 56 F4	04 FF FF FF FF FF FF FF	20:27:26.290.914
203	通道1	接收	扩展数据帧	1C EB 56 F4	05 FF FF FF FF FF FF FF	20:27:26.300.922
204	通道1	接收	扩展数据帧	1C EB 56 F4	06 FF FF FF FF FF 01	20:27:26.310.910
205	通道1	接收	扩展数据帧	1C EB 56 F4	07 20 17 06 16 FF 03 04	20:27:26.320.894
206	通道1	接收	扩展数据帧	1C EC F4 56	13 31 00 07 FF 00 02 00	20:27:26.321.470

图 3-56 充电握手阶段报文 4

表 3-51 充电握手阶段报文分析

序号	代号	帧 ID	帧数据	报文解析结果（简要记录）		
1	CHM					
2	BHM					
3	CRM					
4	BRM					
207	通道1	接收	扩展数据帧	18 01 F4 56	AA 01 00 00 00 31 32 33	20:27:26 .499.247
208	通道1	接收	扩展数据帧	1C EC 56 F4	10 0D 00 02 02 00 06 00	20:27:26 .510.891
209	通道1	接收	扩展数据帧	1C EC F4 56	11 02 01 FF FF 00 06 00	20:27:26 .511.480
210	通道1	接收	扩展数据帧	1C EB 56 F4	01 72 01 E4 0C 04 01 60	20:27:26 .520.887
211	通道1	接收	扩展数据帧	1C EB 56 F4	02 0E 69 DE 03 02 0D FF	20:27:26 .530.883
212	通道1	接收	扩展数据帧	1C EC F4 56	13 0D 00 02 FF 00 06 00	20:27:26 .531.456
213	通道1	接收	扩展数据帧	18 07 F4 56	48 29 20 04 07 17 20	20:27:26 .539.219
214	通道1	接收	扩展数据帧	18 08 F4 56	88 13 D0 07 48 0D 64 0F	20:27:26 .829.279
215	通道1	接收	扩展数据帧	18 07 F4 56	48 29 20 04 07 17 20	20:27:27 .039.289
216	通道1	接收	扩展数据帧	18 08 F4 56	88 13 D0 07 48 0D 64 0F	20:27:27 .079.319
217	通道1	接收	扩展数据帧	18 08 F4 56	88 13 D0 07 48 0D 64 0F	20:27:27 .329.349
218	通道1	接收	扩展数据帧	10 09 56 F4	AA	20:27:27 .350.620
219	通道1	接收	扩展数据帧	10 0A F4 56	00	20:27:27 .359.108
220	通道1	接收	扩展数据帧	10 0A F4 56	00	20:27:27 .609.139
221	通道1	接收	扩展数据帧	10 09 56 F4	AA	20:27:27 .610.607
222	通道1	接收	扩展数据帧	10 0A F4 56	00	20:27:27 .859.170
223	通道1	接收	扩展数据帧	10 09 56 F4	AA	20:27:27 .870.594
224	通道1	接收	扩展数据帧	10 0A F4 56	00	20:27:28 .109.201
225	通道1	接收	扩展数据帧	10 09 56 F4	AA	20:27:28 .130.584
226	通道1	接收	扩展数据帧	10 0A F4 56	00	20:27:28 .359.229
227	通道1	接收	扩展数据帧	10 09 56 F4	AA	20:27:28 .390.581
228	通道1	接收	扩展数据帧	10 0A F4 56	00	20:27:28 .609.262
229	通道1	接收	扩展数据帧	10 09 56 F4	AA	20:27:28 .650.576
230	通道1	接收	扩展数据帧	10 0A F4 56	00	20:27:28 .859.291
231	通道1	接收	扩展数据帧	10 09 56 F4	AA	20:27:28 .910.561
232	通道1	接收	扩展数据帧	10 0A F4 56	00	20:27:29 .109.320
233	通道1	接收	扩展数据帧	10 09 56 F4	AA	20:27:29 .170.554
234	通道1	接收	扩展数据帧	10 0A F4 56	00	20:27:29 .359.350
235	通道1	接收	扩展数据帧	10 09 56 F4	AA	20:27:29 .430.548
236	通道1	接收	扩展数据帧	10 0A F4 56	00	20:27:29 .609.381
237	通道1	接收	扩展数据帧	10 09 56 F4	AA	20:27:29 .690.538
238	通道1	接收	扩展数据帧	10 0A F4 56	00	20:27:29 .859.412
239	通道1	接收	扩展数据帧	10 09 56 F4	AA	20:27:29 .950.537
240	通道1	接收	扩展数据帧	10 0A F4 56	00	20:27:30 .109.444
241	通道1	接收	扩展数据帧	10 09 56 F4	AA	20:27:30 .210.521
242	通道1	接收	扩展数据帧	10 0A F4 56	00	20:27:30 .359.472
243	通道1	接收	扩展数据帧	10 09 56 F4	AA	20:27:30 .470.517
244	通道1	接收	扩展数据帧	10 0A F4 56	00	20:27:30 .609.505
245	通道1	接收	扩展数据帧	10 09 56 F4	AA	20:27:30 .730.509
246	通道1	接收	扩展数据帧	10 0A F4 56	00	20:27:30 .859.534
247	通道1	接收	扩展数据帧	10 09 56 F4	AA	20:27:30 .990.502
248	通道1	接收	扩展数据帧	10 0A F4 56	00	20:27:31 .109.564
249	通道1	接收	扩展数据帧	10 09 56 F4	AA	20:27:31 .250.508
250	通道1	接收	扩展数据帧	10 0A F4 56	00	20:27:31 .359.594
251	通道1	接收	扩展数据帧	10 09 56 F4	AA	20:27:31 .510.489
252	通道1	接收	扩展数据帧	10 0A F4 56	00	20:27:31 .609.625
253	通道1	接收	扩展数据帧	10 09 56 F4	AA	20:27:31 .770.471

图 3-57 充电参数配置阶段报文 1

254	通道1	接收	扩展数据帧	10 0A F4 56	00		20:27:31	.859.656
255	通道1	接收	扩展数据帧	10 09 56 F4	AA		20:27:32	.030.463
256	通道1	接收	扩展数据帧	10 0A F4 56	00		20:27:32	.109.684
257	通道1	接收	扩展数据帧	10 09 56 F4	AA		20:27:32	.290.455
258	通道1	接收	扩展数据帧	10 0A F4 56	00		20:27:32	.359.717
259	通道1	接收	扩展数据帧	10 09 56 F4	AA		20:27:32	.550.447
260	通道1	接收	扩展数据帧	10 0A F4 56	00		20:27:32	.609.746
261	通道1	接收	扩展数据帧	10 09 56 F4	AA		20:27:32	.810.436
262	通道1	接收	扩展数据帧	10 0A F4 56	00		20:27:32	.859.775
263	通道1	接收	扩展数据帧	10 09 56 F4	AA		20:27:33	.070.428
264	通道1	接收	扩展数据帧	10 0A F4 56	00		20:27:33	.109.806
265	通道1	接收	扩展数据帧	10 09 56 F4	AA		20:27:33	.330.419
266	通道1	接收	扩展数据帧	10 0A F4 56	00		20:27:33	.359.837
267	通道1	接收	扩展数据帧	10 09 56 F4	AA		20:27:33	.590.409
268	通道1	接收	扩展数据帧	10 0A F4 56	00		20:27:33	.609.867
269	通道1	接收	扩展数据帧	10 09 56 F4	AA		20:27:33	.850.404
270	通道1	接收	扩展数据帧	10 0A F4 56	00		20:27:33	.859.899
271	通道1	接收	扩展数据帧	10 0A F4 56	00		20:27:34	.109.926
272	通道1	接收	扩展数据帧	10 09 56 F4	AA		20:27:34	.110.394
273	通道1	接收	扩展数据帧	10 0A F4 56	00		20:27:34	.359.957
274	通道1	接收	扩展数据帧	10 09 56 F4	AA		20:27:34	.370.385
275	通道1	接收	扩展数据帧	10 0A F4 56	00		20:27:34	.609.989
276	通道1	接收	扩展数据帧	10 09 56 F4	AA		20:27:34	.630.376
277	通道1	接收	扩展数据帧	10 0A F4 56	00		20:27:34	.860.021
278	通道1	接收	扩展数据帧	10 09 56 F4	AA		20:27:34	.890.368
279	通道1	接收	扩展数据帧	10 0A F4 56	00		20:27:35	.110.049
280	通道1	接收	扩展数据帧	10 09 56 F4	AA		20:27:35	.150.359
281	通道1	接收	扩展数据帧	10 0A F4 56	00		20:27:35	.360.082
282	通道1	接收	扩展数据帧	10 09 56 F4	AA		20:27:35	.410.352
283	通道1	接收	扩展数据帧	10 0A F4 56	00		20:27:35	.610.111
284	通道1	接收	扩展数据帧	10 09 56 F4	AA		20:27:35	.670.341
285	通道1	接收	扩展数据帧	10 0A F4 56	00		20:27:35	.860.141
286	通道1	接收	扩展数据帧	10 09 56 F4	AA		20:27:35	.930.335
287	通道1	接收	扩展数据帧	10 0A F4 56	00		20:27:36	.110.172
288	通道1	接收	扩展数据帧	10 09 56 F4	AA		20:27:36	.190.326
289	通道1	接收	扩展数据帧	10 0A F4 56	00		20:27:36	.360.199
290	通道1	接收	扩展数据帧	10 09 56 F4	AA		20:27:36	.450.316
291	通道1	接收	扩展数据帧	10 0A F4 56	00		20:27:36	.610.230
292	通道1	接收	扩展数据帧	10 09 56 F4	AA		20:27:36	.710.328
293	通道1	接收	扩展数据帧	10 0A F4 56	00		20:27:36	.860.263
294	通道1	接收	扩展数据帧	10 09 56 F4	AA		20:27:36	.970.332
295	通道1	接收	扩展数据帧	10 0A F4 56	00		20:27:37	.110.292
296	通道1	接收	扩展数据帧	10 09 56 F4	AA		20:27:37	.230.300
297	通道1	接收	扩展数据帧	10 0A F4 56	AA		20:27:37	.360.320

图 3-58 充电参数配置阶段报文 2

表 3-52 充电参数配置阶段报文分析

序号	代号	帧 ID	帧数据	报文解析结果（简要记录）
1	BCP			
2	CTS			
3	CML			
4	BRO			
5	CRO			

（4）充电阶段报文及分析

充电阶段报文如图 3-59 和图 3-60 所示，请在表 3-53 中写出充电阶段报文分析。

298	通道1	接收	扩展数据帧 1C EC 56 P4	10 09 00 02 02 00 11 00	20:27:37	.380.543
299	通道1	接收	扩展数据帧 18 10 56 P4	60 0E DE 0D 02	20:27:37	.380.991
300	通道1	接收	扩展数据帧 1C EC P4 56	11 02 01 FF FF 00 11 00	20:27:37	.381.555
301	通道1	接收	扩展数据帧 1C EB 56 P4	01 02 0D 99 0F 4E 01 63	20:27:37	.390.539
302	通道1	接收	扩展数据帧 1C EB 56 P4	02 00 00 FF FF FF FF FF	20:27:37	.400.559
303	通道1	接收	扩展数据帧 1C EC 56 P4	13 09 00 02 FF 00 11 00	20:27:37	.401.128
304	通道1	接收	扩展数据帧 18 10 56 P4	60 0E DE 0D 02	20:27:37	.430.427
305	通道1	接收	扩展数据帧 18 12 P4 56	2C 0C A0 0F 00 00 FD	20:27:37	.440.570
306	通道1	接收	扩展数据帧 18 13 56 P4	51 52 01 51 02 00 D0	20:27:37	.460.493
307	通道1	接收	扩展数据帧 18 10 56 P4	60 0E DE 0D 02	20:27:37	.480.429
308	通道1	接收	扩展数据帧 18 12 P4 56	2C 0C A0 0F 00 00 FD	20:27:37	.490.585
309	通道1	接收	扩展数据帧 18 10 56 P4	60 0E DE 0D 02	20:27:37	.530.427
310	通道1	接收	扩展数据帧 18 12 P4 56	2C 0C A0 0F 00 00 FD	20:27:37	.540.587
311	通道1	接收	扩展数据帧 18 10 56 P4	60 0E DE 0D 02	20:27:37	.580.430
312	通道1	接收	扩展数据帧 18 12 P4 56	2C 0C A0 0F 00 00 FD	20:27:37	.590.594
313	通道1	接收	扩展数据帧 18 10 56 P4	60 0E DE 0D 02	20:27:37	.630.428
314	通道1	接收	扩展数据帧 1C EC 56 P4	10 09 00 02 02 00 11 00	20:27:37	.640.532
315	通道1	接收	扩展数据帧 18 12 P4 56	2C 0C A0 0F 00 00 FD	20:27:37	.641.056
316	通道1	接收	扩展数据帧 18 10 56 P4	60 0E DE 0D 02	20:27:37	.680.423
317	通道1	接收	扩展数据帧 18 12 P4 56	2C 0C A0 0F 00 00 FD	20:27:37	.690.606
318	通道1	接收	扩展数据帧 18 13 56 P4	51 52 01 51 02 00 D0	20:27:37	.720.485
319	通道1	接收	扩展数据帧 18 10 56 P4	60 0E DE 0D 02	20:27:37	.730.418
320	通道1	接收	扩展数据帧 18 12 P4 56	B7 0C A0 0F 00 00 FD	20:27:37	.740.613
321	通道1	接收	扩展数据帧 18 10 56 P4	60 0E DE 0D 02	20:27:37	.780.416
322	通道1	接收	扩展数据帧 18 12 P4 56	2C 0C A0 0F 00 00 FD	20:27:37	.790.619
323	通道1	接收	扩展数据帧 18 10 56 P4	60 0E DE 0D 02	20:27:37	.830.414
324	通道1	接收	扩展数据帧 18 12 P4 56	2C 0C A0 0F 00 00 FD	20:27:37	.840.626
325	通道1	接收	扩展数据帧 18 10 56 P4	60 0E DE 0D 02	20:27:37	.880.417
326	通道1	接收	扩展数据帧 18 12 P4 56	2C 0C A0 0F 00 00 FD	20:27:37	.890.632
327	通道1	接收	扩展数据帧 1C EC 56 P4	FF 03 FF FF FF 00 11 00	20:27:37	.900.536
328	通道1	接收	扩展数据帧 1C EC 56 P4	10 09 00 02 02 00 11 00	20:27:37	.910.539
329	通道1	接收	扩展数据帧 1C EC P4 56	11 02 01 FF FF 00 11 00	20:27:37	.911.132
330	通道1	接收	扩展数据帧 1C EB 56 P4	01 02 0D 99 0F 4E 01 63	20:27:37	.920.520
331	通道1	接收	扩展数据帧 1C EB 56 P4	02 00 00 FF FF FF FF FF	20:27:37	.930.548
332	通道1	接收	扩展数据帧 18 10 56 P4	60 0E DE 0D 02	20:27:37	.930.996
333	通道1	接收	扩展数据帧 1C EC P4 56	13 09 00 02 FF 00 11 00	20:27:37	.931.553
334	通道1	接收	扩展数据帧 18 12 P4 56	B7 0C A0 0F 00 00 FD	20:27:37	.940.637
335	通道1	接收	扩展数据帧 18 10 56 P4	60 0E DE 0D 02	20:27:37	.980.420
336	通道1	接收	扩展数据帧 18 13 56 P4	51 52 01 51 02 00 D0	20:27:37	.980.931
337	通道1	接收	扩展数据帧 18 12 P4 56	B7 0C A0 0F 00 00 FD	20:27:37	.990.643
338	通道1	接收	扩展数据帧 18 10 56 P4	60 0E DE 0D 02	20:27:38	.030.414
339	通道1	接收	扩展数据帧 18 12 P4 56	C9 0C A0 0F 00 00 FD	20:27:38	.040.649
340	通道1	接收	扩展数据帧 18 10 56 P4	60 0E DE 0D 02	20:27:38	.080.416
341	通道1	接收	扩展数据帧 18 12 P4 56	C9 0C A0 0F 00 00 FD	20:27:38	.090.655
342	通道1	接收	扩展数据帧 18 10 56 P4	60 0E DE 0D 02	20:27:38	.130.406
343	通道1	接收	扩展数据帧 18 12 P4 56	C9 0C A0 0F 00 00 FD	20:27:38	.140.662
344	通道1	接收	扩展数据帧 1C EC 56 P4	10 09 00 02 02 00 11 00	20:27:38	.170.545
345	通道1	接收	扩展数据帧 1C EC P4 56	11 02 01 FF FF 00 11 00	20:27:38	.171.137
346	通道1	接收	扩展数据帧 1C EB 56 P4	01 16 0D 99 0F 50 01 63	20:27:38	.180.505
347	通道1	接收	扩展数据帧 18 10 56 P4	60 0E DE 0D 02	20:27:38	.180.953
348	通道1	接收	扩展数据帧 1C EB 56 P4	02 00 00 FF FF FF FF FF	20:27:38	.190.541
349	通道1	接收	扩展数据帧 18 12 P4 56	B7 0C A0 0F 00 00 FD	20:27:38	.191.065
350	通道1	接收	扩展数据帧 18 10 56 P4	60 0E DE 0D 02	20:27:38	.230.401
351	通道1	接收	扩展数据帧 18 13 56 P4	51 52 01 51 02 00 D0	20:27:38	.240.472
352	通道1	接收	扩展数据帧 18 12 P4 56	CA 0C A0 0F 00 00 FD	20:27:38	.241.001
353	通道1	接收	扩展数据帧 18 10 56 P4	60 0E DE 0D 02	20:27:38	.280.404
354	通道1	接收	扩展数据帧 18 12 P4 56	CA 0C A0 0F 00 00 FD	20:27:38	.290.683
355	通道1	接收	扩展数据帧 18 10 56 P4	60 0E DE 0D 02	20:27:38	.330.402

图 3-59　充电阶段报文 1

```
3212  通道1  接收  扩展数据帧  18 12 F4 56   73 0D 81 0F 00 00 FD     20:28:23 .896.206
3213  通道1  接收  扩展数据帧  18 10 56 F4   60 0E 78 0F 02           20:28:23 .928.944
3214  通道1  接收  扩展数据帧  18 12 F4 56   73 0D 81 0F 00 00 FD     20:28:23 .946.211
3215  通道1  接收  扩展数据帧  1C EC 56 F4   10 09 00 02 02 00 11 00  20:28:23 .959.051
3216  通道1  接收  扩展数据帧  1C EC F4 56   11 02 01 FF FF 00 11 00  20:28:23 .959.644
3217  通道1  接收  扩展数据帧  1C EB 56 F4   01 66 0D 80 0F 6E 01 64  20:28:23 .969.047
3218  通道1  接收  扩展数据帧  1C EB 56 F4   02 02 00 FF FF FF FF FF  20:28:23 .979.063
3219  通道1  接收  扩展数据帧  18 10 56 F4   60 0E 78 0F 02           20:28:23 .979.512
3220  通道1  接收  扩展数据帧  1C EC 56 F4   13 09 00 02 FF 00 11 00  20:28:23 .980.068
3221  通道1  接收  扩展数据帧  18 12 F4 56   71 0D 81 0F 00 00 FD     20:28:23 .996.215
3222  通道1  接收  扩展数据帧  18 13 56 F4   51 52 01 51 07 00 D0     20:28:23 .999.007
3223  通道1  接收  扩展数据帧  18 10 56 F4   60 0E A0 0F 02           20:28:24 .028.943
3224  通道1  接收  扩展数据帧  10 19 56 F4   10 00 00 F0              20:28:24 .029.383
3225  通道1  接收  扩展数据帧  10 1A F4 56   40 00 00 00              20:28:24 .036.108
3226  通道1  接收  扩展数据帧  10 19 56 F4   10 00 00 F0              20:28:24 .038.923
3227  通道1  接收  扩展数据帧  10 1A F4 56   40 00 00 00              20:28:24 .046.111
```

图 3-60 充电阶段报文 2

表 3-53 充电阶段报文分析

序号	代号	帧 ID	帧数据	报文解析结果（简要记录）
1	BCL			
2	BCS			
3	CCS			
4	BST			
5	CST			

（5）充电结束阶段报文分析

充电结束阶段报文如图 3-61 所示，请在表中 3-54 中写出充电结束阶段报文分析。

```
3228  通道1  接收  扩展数据帧  18 1C 56 F4   64 54 01 6E 01 51 52     20:28:24 .049.007
3229  通道1  接收  扩展数据帧  18 1D F4 56   00 00 01 00 01 00 00 00  20:28:24 .056.259
3230  通道1  接收  扩展数据帧  18 1D F4 56   00 00 01 00 01 00 00 00  20:28:24 .306.290
3231  通道1  接收  扩展数据帧  18 1C 56 F4   64 54 01 6E 01 51 52     20:28:24 .308.997
3232  通道1  接收  扩展数据帧  18 1D F4 56   00 00 01 00 01 00 00 00  20:28:24 .556.320
3233  通道1  接收  扩展数据帧  18 1C 56 F4   64 54 01 6E 01 51 52     20:28:24 .568.992
3234  通道1  接收  扩展数据帧  18 1D F4 56   00 00 01 00 01 00 00 00  20:28:24 .806.352
3235  通道1  接收  扩展数据帧  18 1D F4 56   00 00 01 00 01 00 00 00  20:28:25 .056.382
3236  通道1  接收  扩展数据帧  18 1D F4 56   00 00 01 00 01 00 00 00  20:28:25 .306.413
```

图 3-61 充电结束阶段报文

表 3-54 充电结束阶段报文分析

序号	代号	帧 ID	帧数据	报文解析结果（简要记录）
1	BSD			
2	CSD			

（6）错误报文及分析

错误报文如图 3-62 所示，请在表 3-55 中写出错误报文分析。

4990	519.5189	1812F456 H	7	8C 0C 50 0D 00 00 FD
4991	519.5194	18FE03F4 H	8	42 01 3A 11 64 49 FF 42
4992	519.52	18FE02F4 H	8	00 40 01 01 0C FF 00 30
4993	519.568	081E56F4 H	8	FF FF 01 FF FF FF FF FF
4994	519.5689	1812F456 H	7	A4 0C 50 0D 00 00 FD
4995	519.5889	18FE08F4 H	8	2C 01 33 02 00 00 00 1C
4996	519.6188	1812F456 H	7	A4 0C 50 0D 00 00 FD
4997	519.6194	18FE03F4 H	8	42 01 3A 11 64 49 FF 42
4998	519.6688	1812F456 H	7	A4 0C 50 0D 00 00 FD
4999	519.6889	18FE08F4 H	8	2C 01 33 02 00 00 00 1C
5000	519.7188	1812F456 H	7	16 0D C1 0D 00 00 FD
5001	519.7194	18FE03F4 H	8	42 01 3A 11 64 49 FF 42
5002	519.7199	18FE04F4 H	8	33 BB 00 32 7D 13 FF CF
5003	519.7688	1812F456 H	7	16 0D C1 0D 00 00 FD
5004	519.7888	18FE08F4 H	8	2C 01 33 02 00 00 00 1C
5005	519.8179	081E56F4 H	8	FF FF 01 FF FF FF FF FF
5006	519.8188	18FE03F4 H	8	42 01 3A 11 64 49 FF 42
5007	519.8193	1812F456 H	7	A4 0C C1 0D 00 00 FD
5008	519.8199	18FE05F4 H	8	28 4E 01 32 50 51 01 32
5009	519.8688	1812F456 H	7	A4 0C C1 0D 00 00 FD
5010	519.8888	18FE08F4 H	8	2C 01 33 02 00 00 00 1C
5011	519.9188	18FE03F4 H	8	42 01 3A 11 64 49 FF 42
5012	519.9193	1812F456 H	7	A4 0C C1 0D 00 00 FD
5013	519.9688	1812F456 H	7	16 0D C1 0D 00 00 FD
5014	519.9888	18FE08F4 H	8	2C 01 33 02 00 00 00 1C
5015	520.0187	18FE03F4 H	8	41 01 3A 11 64 49 FF 45
5016	520.0193	1812F456 H	7	A4 0C C1 0D 00 00 FD
5017	520.0678	081E56F4 H	8	FF FF 01 FF FF FF FF FF
5018	520.0686	081FF456 H	4	FC F0 C4 FC
5019	520.0887	18FE08F4 H	8	2C 01 31 02 00 00 00 1E
5020	520.1182	18FE08F4 H	8	01 FF FF FF FF FF FF 7F
5021	520.1188	18FE03F4 H	8	41 01 3A 11 64 49 FF 45
5022	520.1887	18FE08F4 H	8	2C 01 31 02 00 00 00 1E
5023	520.2187	18FE03F4 H	8	41 01 3A 11 64 49 FF 45
5024	520.2193	18FE01F4 H	8	00 00 D0 00 3A 00 FF 75
5025	520.2371	00000055 H	8	3F FF FF FF FF 01 FF F9
5026	520.2887	18FE08F4 H	8	2C 01 31 02 00 00 00 1E
5027	520.3177	081E56F4 H	8	FF FF 01 FF FF FF FF FF
5028	520.3186	18FE03F4 H	8	41 01 3A 11 64 49 FF 45
5029	520.3886	18FE08F4 H	8	2C 01 31 02 00 00 00 1E

图 3-62 错误报文

表 3-55 错误报文分析

序号	代号	帧 ID	帧数据	报文解析结果（简要记录）
1	BEM			
2	CEM			

第 4 章 充电桩维护与保养

4.1 安全操作规程及人员防护

4.1.1 安全操作规程

充电桩维护与保养安全操作规程见表 4-1。

表 4-1 安全操作规程

序号	安全操作规程
1	作业人员需考试合格并持证上岗
2	安装或维护的设备在合闸通电前应再次核对图纸,检测是否有相间短路和对地短路现象,绝缘测量值应符合标准要求
3	维修和保养设备时,必须切断 380V 电源,佩戴绝缘手套
4	充电结束,应确认枪线已经拔出充电插座,归于柜体,再起动车辆
5	充电开始和结束,禁止触碰柜内带电体
6	禁止随意打开机柜后门

4.1.2 安全警示标志

进行 B 类电压及以上等级的安装或维修作业时,需设置安全警示标志,如图 4-1 所示。

图 4-1 安全警示标志

4.1.3 维修人员作业防护用具

维修人员作业防护用具见表4-2。

表4-2　维修人员作业防护用具及作用

序号	图形	名称	作用
1		绝缘手套	主要应用于高电压部件的拆卸和安装。使用绝缘材料制成的防护手套，防护手套必须能够抵抗1000V或以上的电压
2		绝缘鞋	应用于高电压部件的拆卸和安装，是使用绝缘材料制成的防护鞋，必须能够抵抗600V或以上的电压
3		护目镜	应用于高电压部件的拆卸和安装，保护眼睛，以免接触到在电线上作业时产生的飞溅物
4		绝缘安全帽	高电压部件的拆卸和安装作业时使用
5		绝缘电阻测试仪	系统初装作业完毕或故障检修时使用。IEC标准为1000Ω/V；我国标准为500Ω/V
6		绝缘橡胶垫	高电压部件的拆卸和安装作业时使用
7		绝缘手动工具	高电压部件的拆卸和安装作业时使用，新能源系统中特指B类电压及以上的作业环境

4.2 安装和维护保养

4.2.1 充电桩安装要求

充电桩安装要求见表4-3，安装后应当完成充电桩安装工程验收测试表，见表4-4。

表4-3 充电桩安装要求

序号	项目	规定要求
1	落地安装要求	① 充电桩竖直安装于地平面，允许误差为偏离竖直位置任一方向5° ② 充电桩应安装在专设的底座上，底座高出地平面200mm以上，并大于充电桩长宽外廓尺寸200mm以上 ③ 充电桩安装位置不应设在地势低洼和可能积水的场所
2	壁挂式安装要求	充电桩竖直安装于与地平面垂直的墙面，墙面应符合承重要求，充电桩固定可靠，安装高度应便于充电过程的人工操作
3	进线铺设方式	充电电缆布置和铺设应符合 GB 50217—2018 的要求
4	接地要求	充电桩应安全接地，充电桩金属底座或外壳不应对人体造成电击伤害
5	室外安装要求	安装于室外的充电桩，应采用防水壳体或加设防护装置
6	室内安装要求	安装于室内的充电桩，与墙面距离应大于300mm
7	充电桩设置在加油站内的安装要求	安装于加油加气站内的充电桩，其安装位置应距离危险性设备爆炸危险区域边界不小于3m，距离柴油设备外缘不小于3m，危险性设备爆炸危险区域应符合 GB 50156—2012 的要求

表4-4 充电桩安装工程验收测试表

序号	测试项目	测试方式	测试记录	单项测试结论
	外观			
1	检查充电桩铭牌、合格证、型号规格是否符合要求	现场查看		
2	检查外壳是否采用金属，壳体坚固，结构上防止人体轻易触及漏电部分	现场查看		
3	检查柜体安装是否整齐，固定可靠，框架无变形	现场查看		
4	检查柜体的漆层是否清洁无损	现场查看		
5	检查柜体接地是否牢固良好	现场查看		
6	检查开启门是否用裸铜线与接地金属构架可靠连接	现场查看		
7	检查基础型钢允许偏差，成列安装允许偏差是否满足要求，检查柜间连接是否牢固	现场查看		
8	检查充电桩安装垂直倾斜度，应不超过5%	测量查看		
9	防锈（防氧化）：充电桩铁质外壳和暴露在外的铁质支架、零件应采取双层防锈措施，非铁质的金属外壳也应具有防氧化保护膜或进行防氧化处理	现场查看		
10	防盗保护：室外充电桩外壳门应装防盗锁，固定充电桩的螺栓必须是在打开外壳的门后才能安装或拆卸	现场查看		

（续）

序号	测试项目	测试方式	测试记录	单项测试结论
	机屏电器			
1	检查充电桩屏上各电器的名称、型号以及运行标志是否齐全、清晰	现场查看		
2	充电桩屏上各个元器件应拆装方便	现场查看		
3	充电桩屏的发热器件应安装在散热良好的地方	现场查看		
4	检查熔断器规格，自动开关整定值是否符合设计要求，检查开关是否操作灵活，有无较大振动和噪声	现场查看		
5	检查充电桩屏上信号是否显示正确	现场查看		
6	检查直流母线排尺寸是否符合要求，正负母线标识及相色是否正确，是否连接牢固，固定可靠，是否与导线连接牢固可靠，是否采用阻燃绝缘铜母线	现场查看		
	机屏二次回路及端子排			
1	二次回路应按图纸施工，接线正确	现场查看		
2	导线与电气元件应连接牢固可靠	现场查看		
3	屏、柜内的导线不应有接头，导线芯线应无损伤	现场查看		
4	检查线芯标识正确、规范，二次回路的编号是否满足要求	现场查看		
5	配线应整齐、清晰、美观，导线绝缘应良好，无损伤。二次回路接地应设专用螺栓	现场查看		
6	检查电流回路和其他回路导线的截面是否满足要求	现场查看		
7	检查可动部位导线的安装是否符合要求	现场查看		
8	端子排应无损坏，固定牢固，绝缘良好	现场查看		
9	端子应有序号，端子排应便于更换且接线方便	现场查看		
10	端子排离地高度宜大于350mm	现场查看		
11	交流回路电压超过400V时，端子排应有足够的绝缘强度	现场查看		
12	检查端子与导线截面是否匹配	现场查看		
13	连接件应采用铜质制品，绝缘件应采用自熄性阻燃材料	现场查看		
14	端子排应标明编号、名称，其标明的字迹应清晰、工整，且不易褪色	现场查看		
15	同一个端子并接的线芯不超过两根，不同线芯的导线不并接入同一个端子	现场查看		
	机屏电缆接线			
1	检查线径是否符合设计标准	测量查看		
2	线耳与导线要压接搪锡焊牢，接头部分热缩包牢	现场查看		
3	检查引入柜电缆和铠装电缆的安装是否牢固	现场查看		
4	柜内电缆芯线应水平或垂直配置	现场查看		
5	强弱电回路不应使用同一根电缆	现场查看		
6	电缆接头无锈蚀，电缆孔密封	现场查看		

(续)

序号	测试项目	测试方式	测试记录	单项测试结论
	机屏电缆接线			
7	直流母线及接头应满足长期通过设计电流的要求,屏间引线应满足长期通过设计电流的要求	现场查看		
8	检查充电桩屏内所有电缆牌的标记是否清楚	现场查看		
	机屏表计			
1	检查所配表计数字显示是否清晰	现场查看		
	人机界面与操作			
1	检查人机界面的菜单切换功能和定值设置是否符合设计要求	现场操作		
2	改变人机界面定值时,充电桩仍应能够正常工作	现场操作		
3	充电桩开停机操作正常,急停开关是否工作正常,充电桩启动和停电恢复是否由人工确认后才能恢复	现场操作		
4	检查人机界面的模拟量采集及显示数据是否正确,功能是否正常	现场查看		
5	检查人机界面是否符合《电动汽车非车载充电机技术规范》(Q/CSG 11516.3—2010) 中 6.7.3 规定的要求	现场查看		
6	检查 GPS 对时功能是否正常	现场查看		
	充电机重要功能、性能指标			
1	三遥测试:充电桩"遥测、遥信、遥控"功能的检查按照《电动汽车非车载充电机技术规范》(Q/CSG 11516.3—2010) 附录 A,对照主站充电桩人机界面及操作,进行对比测试	现场操作		
2	充电桩输入/输出电流电压值指标测试:在单个充电任务与全站满负荷充电任务时测试各项指标,按照《电动汽车非车载充电机技术规范》(Q/CSG 11516.3—2010) 指标范围进行对比	现场操作		
3	低压辅助电源指标测试:在单个充电任务与全站满负荷充电任务时测试各项指标,测试结果是否满足《电动汽车非车载充电机技术规范》(Q/CSG 11516.3—2010)	现场操作		
4	电气绝缘性能测试:在单个充电任务与全站满负荷充电任务时测试绝缘电阻和漏电流指标,测试结果是否满足《电动汽车非车载充电机技术规范》(Q/CSG 11516.3—2010)	现场操作		
5	噪声测试:在单个充电任务与全站满负荷充电任务时测试各项指标,测试结果是否满足《电动汽车非车载充电机技术规范》(Q/CSG 11516.3—2010)	现场操作		
	充电机插接器			
1	功能测试:能够通过各项充电测试,BMS 系统能正确响应充电过程	现场操作		
2	内部绝缘体应无裂纹或伤痕	查看现场		
3	外壳、手柄及电缆应无损伤或变形	查看现场		

4.2.2 充电桩维护保养制度及保养范围

1. 充电桩维护保养制度

维护保养制度的建立目的是为了延长产品使用寿命，防止灰尘或杂物堆积造成产品局部短路及散热不良等现象，减少不必要的损失，降低产品故障率。充电桩维护保养制度见表 4-5。

表 4-5 充电桩维护保养制度

序号	保养制度要求	内容
1	预防为主	应把设备故障消灭在萌芽状态，操作者按设备使用规程的规定正确使用设备，防止设备事故的发生，延长设备使用寿命和检修周期，保证设备的安全运行
2	定期保养	保养周期为半年，对环境灰尘大的地方可以一个季度保养一次
3	保养记录	做好保养记录，并将保养情况交接，发现异常时填写备注，详细到充电桩编号
4	安全保养	在维护充电桩之前一定要断电，保养过程中应注意人身安全、设备安全防护
5	合理规划	各区域应建立本区域充电桩运行档案，根据运行的充电桩数量，合理规划保养
6	保养确认	保养完毕后应与负责人对保养结果进行视频或者其他方式确认
7	及时处理	对保养过程中出现的问题要及时处理
8	维修保养统一	在站点到期需要保养后（到期时间前后一个月内），如果站点充电桩恰好有故障，则去维修的人员应当将站点进行清理，不需另派他人前往解决；到期时间前后一个月内没有维修任务的，直接安排人员前往保养

2. 保养作业内容

根据表 4-6 完成保养作业，并完成充电站巡检保养记录表（表 4-7）。

表 4-6 充电桩保养作业内容

序号	保养作业内容
1	设备外观除尘清扫
2	充电桩防尘棉更换
3	充电桩电源模块除尘
4	充电桩主板、电源板除尘
5	设备周围清理，不得堆积易燃易爆物品
6	主要部件在运行时，温度、声音、气味等不应出现异常情况
7	保养结束后进行充电桩充电功能测试，检查是否有配件损坏及桩充电是否正常

表 4-7 充电站巡检保养记录表

充电站巡检保养记录表

维护人员	维护时间	充电站名称	总桩数	交流桩（kW）	直流桩（kW）

检查类型	检查内容	检查方法	具体操作	是否正常	备注
外观	充电桩	目测充电桩是否有倾斜现象	此现象无法现场解决，需现场拍照片，回公司汇报	是○否○	
	壳体完整性	目测充电桩外壳是否有破损、锈蚀现象	有锈蚀现象、漆面有掉落用自带漆去填补	是○否○	
	防撞击	目测充电桩安装位置是否有外力撞击导致的移位、歪斜等现象	此现象无法现场解决，需现场拍照片，回公司汇报	是○否○	
	清洁度	目测检查充电机外壳是否有脏污，内部是否有导线头等安装时产生的垃圾	充电桩的外壳可用清水抹布进行清洁，屏和刷卡区域抹布的水不能太多，擦完后用干抹布再擦一遍充电桩	是○否○	
	防水密封性	目测防水密封圈是否有开裂、脱落的现象	检查整圈防水密封圈都没有破损，用手摸上去没有松动	是○否○	
	保护性	查看门锁是否可以正常使用	开关门锁能否正常打开，能否正常锁上	是○否○	
	安全性	目测"急停按钮"是否处于正常位置；尝试是否可以正常工作	按下急停按钮，查看交流输入开关是否处于中间位置。如果可以正常工作，将其复位；如果不能正常工作，检查急停按钮接线	是○否○	
	安全性	查看"门禁"开关是否正常工作	打开门，看限位开关是否正常弹出，并且检修灯亮，主板对应遥信灯灭，用手按限位开关，检修灯熄灭，对应遥信灯亮	是○否○	
	识别性	检查是否有"桩号"与"二维码"标识	检查二维码与充电桩号是否都有，字迹是否都清晰	是○否○	
充电枪	安全性	目测枪头与枪线缆的连接处是否有松动	用手去尝试摇动枪线与枪头的接口处，查看是否有松动	是○否○	
	安全性	查看充电枪的枪头是否有开裂	目测充电枪头是否有开裂或裂纹	是○否○	
	安全性	查看充电枪是否有电流灼伤的痕迹	检查枪头是否有由于发热、电流灼伤的痕迹	是○否○	

(续)

检查类型	检查内容	检查方法	具体操作	是否正常	备注
显示屏	屏幕情况	查看显示屏是否可正常点亮	用手点击屏幕,看屏幕是否能亮	是○否○	
	准确性	操作查看按键位置是否准确、操作是否可靠	点击屏幕上对应的入口,看能否正常运行,正常进入相对应界面	是○否○	
读卡器	刷卡功能	检查刷卡器状态是否正常	用卡测试查看充电桩是否能正常读卡	是○否○	
风机	运转性	查看风机是否正常起动	风机由于有两路回路,需手动充电起动充电桩看风机是否能够正常运行	是○否○	
	转向	目测风机的转向是否正确	检查风机内侧一面是否成吸风状态(可以用纸或者轻质的物品辅助测试)	是○否○	
电气	开关位置	检查内部电气开关位置是否正确	检查内部电器控制开关是否都在相对应的位置,如果不在相应位置检查原因,非人为操作,并且没有故障(或者故障排除)的将其复位	是○否○	
	牢固性	查看短接片是否有松动	用扳手去尝试拧端子排上的螺钉,查看是否都处于拧不动的位置,如果有松动的将其拧紧	是○否○	
	线路有无接反	查看互感器线路是否接反	检查电表三项电流正负是否都一致,不一致的记录下来,并对接线做相应调整	是○否○	
	铜排接线	螺钉是否有松动	用扳手先确定螺钉是否已经拧紧,确定拧紧后用笔将现在接线的位置与铜排(直流输出铜排,交流输入铜排,接地铜排)划上标记,下次去检查时查看是否有位置变化	是○否○	
	线路有无老化	观察强电电路接头部分是否有电流灼伤的痕迹损坏或者变黑发黄现象	观察强电电路接头部分是否有电流灼伤的痕迹损坏或者变黑发黄现象	是○否○	
主板	主板正常性	目测遥信灯是否正常亮	主板上遥信灯是否都亮	是○否○	
	主板端子牢固性	检查主板各接线端子是否松动或接触不良	将主板的接线端子都推向一边以防止松动	是○否○	

(续)

检查类型	检查内容	检查方法	具体操作	是否正常	备注
模块	运转性	查看模块是否报故障	检查模块故障灯是否闪烁	是○否○	
	散热性	观察模块的"进风口""出风口"是否有积尘等影响散热效果的非正常现象	观察模块的"进风口""出风口"是否有积尘等影响散热效果的非正常现象	是○否○	
	运转性	手动启动模块,查看能否正常运行(限刷卡启动充电桩)	手动启动模块,查看能否正常运行	是○否○	
TCU	指示灯	查看是否在线	查看在线标志是否正常	是○否○	
	指示灯	查看是否与表计通信	检查本地指示灯是否"红绿"交替闪烁	是○否○	
变压器	保护性	检查门锁是否正常	变压器4个门锁全部检查	是○否○	
	保护性	查看箱体是否完整	围绕变压器一圈查看	是○否○	
分机箱	保护性	检查门锁是否正常	分机箱前后两个门锁都要查看	是○否○	
	保护性	查看箱体是否完整	绕分机箱查看	是○否○	
灭火器材	保护性	检查是否正常	场站有配的就填写是否完好	是○否○	
雨棚	保护性	检查是否正常	场站有配的就填写是否完好	是○否○	
充电站指示牌	保护性	检查是否正常	场站有配的就填写是否完好	是○否○	
问题汇总				汇报人	
问题处理结果				接收人	

4.3 故障检修与典型案例分析

在充电系统中,由于各种故障原因将会导致车辆无法充电或充电异常现象,部分充电桩会在机屏显示故障码以便维修售后人员处理故障,同时充电桩也会将故障码和故障原因存档。表4-8提供了直流桩部分故障码供学习参考。

表 4-8 直流桩部分故障码

故障码	内容	故障码	内容
0	预留	25	充电模块故障
1	TCU 与充电控制器通信故障	26	预留
2	读卡器通信故障	27	充电模块风扇故障
3	电表通信故障	28	充电模块过温警告
4	ESAM 故障	29	充电模块交流输入警告
5	交易记录满	30	充电模块输出短路故障
6	交易记录存储失败	31	充电模块输出过电流警告
7	平台注册校验不成功	32	充电模块输出过电压警告
8	预留	33	充电模块输出欠电压警告
9	预留	34	充电模块输入过电压警告
10	BMS 通信异常	35	充电模块输入欠电压警告
11	直流母线输出过电压警告	36	充电模块输入缺相警告
12	直流母线输出欠电压警告	37	充电模块通信警告
13	蓄电池充电过电流警告	38	充电中车辆控制导引警告
14	蓄电池模块采样点过温警告	39	交流断路器故障
15	预留	40	直流母线输出过流告警
16	急停按钮动作故障	41	直流母线输出熔断器故障
17	绝缘监测故障	42	直流母线输出接触器故障
18	电池反接故障	43	充电接口电子锁故障
19	避雷器故障	44	充电机风扇故障
20	充电枪未归位	45	充电枪过温故障
21	充电桩过温故障	46	TCU 其他故障
22	烟雾报警警告	47	充电机其他故障
23	输入电压过电压		
24	输入电压欠电压		

4.3.1 北汽 EV150 车辆快充至 SOC 82% 停止充电

1. 故障现象

北汽 EV150 快充出现故障，SOC 从 27%～82% 时自动停止充电（一次）。换为慢充，可正常充满。之后再次插枪快充（二次），启动充电后很快再次自动停止充电。

2. 故障分析

1）首先从本故障的表现形式来看，继快充失败之后，换成充电模式 2 进行慢充测试可以正常充电至仪表显示已充满后自动停止，说明车辆控制和动力蓄电池没问题，应从快充故障方面考虑。

2）能从低电量能持续稳定快充到 SOC 82%，说明车辆充电系统控制回路各熔断器、继电器、接触器有问题的可能性极小，不放在首选考虑。

3）若快充桩可以正常为其他车辆充电，而每次充这台车均发生故障，则应优先考虑车，桩次之。

4）分析一下影响快充中止充电的因素：最大可能性就是 BMS 检测到充电过程中动力蓄电池的某个数据异常或者达到了某个正常停止的条件造成充电失败。影响的条件很多，采用快充报文分析方法会更快捷。

3. 故障检修

1）开始快充采报文，之后进行数据分析。既然前面分析中主要怀疑的是 BMS 检测异常造成的充电失败，那就直接查找 BST 报文来进行数据分析，采集的部分快充报文如图 4-2 所示。

5053接收	11:20:48.305.0	0x101956f4	数据帧	扩展帧	0x04	10 00 00 00
5054接收	11:20:48.315.0	0x101af456	数据帧	扩展帧	0x04	40 00 00 00
5055接收	11:20:48.315.0	0x101956f4	数据帧	扩展帧	0x04	10 00 00 00
5056接收	11:20:48.325.0	0x101af456	数据帧	扩展帧	0x04	40 00 00 00
5057接收	11:20:48.325.0	0x101956f4	数据帧	扩展帧	0x04	10 00 00 00

图 4-2 快充报文

第一字节数据 10 对应的四个条件：

00：未达到所需 SOC 目标值；

00：未达到总电压设定值；

01：达到单体电压设定值；

00：充电机主动终止（正常）。

在这一帧数据里，单这一个字节的信息足以说明问题了。在中止充电的那一时刻：SOC 目标值没达到（就是还没有充饱），也没有达到总电压的设定值，但是已经达到了单体蓄电池电压的设定值（单体蓄电池的充电截止电压），充电机正常中止。

2）至此，我们应该围绕着"达到单体电压设定值"来再次进行故障处理方案的研究。EV150 的动力蓄电池是 100 个磷酸铁锂单体蓄电池串联。在快充中，由于充电电流大，会导致个别的单体蓄电池电压快速达到充电截止电压，从而导致快充停机，这从车、桩报文发送来讲是正常的，应该停机。于是调数据查看动力蓄电池情况，动力蓄电池数据监控界面如图 4-3 所示。

3）要解决这个单体蓄电池才能从根本上解决问题，故决定拆动力蓄电池。打开动力蓄电池箱体做均衡处理，如图 4-4 所示。

4）经过专业均衡设备的维护作业后，再次插枪快充测试，结果：报文数据、车辆仪表、动力蓄电池数据监控均显示充电已达到 SOC 100%，如图 4-5 所示。

4. 分析总结

车辆快充时，直流充电桩输出高电压、大电流为动力蓄电池充电。其过程中存在个别的单体蓄电池因整体性能不一致造成偏差，有的表现为单体蓄电池电压比其他都要低，有的表现为单体蓄电池电压比其他略高。在 BMS 管理充电策略中规定单体蓄电池充电截止电压是重要的指标之一。

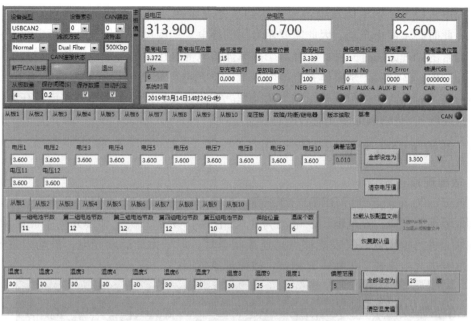

图 4-3　动力蓄电池数据监控界面

图 4-4　动力蓄电池均衡处理

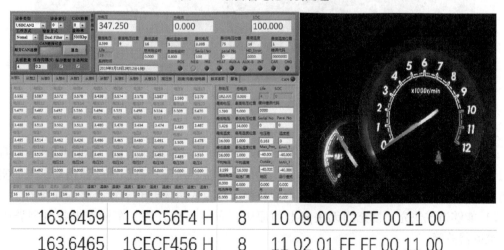

图 4-5　报文数据、车辆仪表、动力蓄电池数据监控均显示充电已达到 SOC100%

在充电阶段因个别单体蓄电池率先达到了停充条件,而其他单体蓄电池仍在"不饱"的状态,此时必须停止充电。因此需要用专用的补电、均衡设备来修复动力蓄电池至良好的状态,通常的处理方法有三种:①针对个别单体蓄电池电压高的:放电,放至与其他单体蓄电池电压一致;②针对个别单体蓄电池电压低的:充电,充至与其他单体蓄电池电压一致;③针对有高又有低的:整箱或整组做均衡处理。如此修复,即使全部单体蓄电池在充电中能够"齐头并进",达到满电停充的目的。

4.3.2 北汽 EV200 车辆快充不启动

1. 故障现象

北汽 EV200 车辆起动后 READY 灯不亮,报动力蓄电池故障,如图 4-6 所示。仪表显示动力蓄电池断开故障,充电电压、电流为 0,如图 4-7 所示,快充和慢充均不能启动充电。车辆在快充桩插枪充电,仪表能够点亮连接状态灯,但是无法启动充电,报动力蓄电池故障,之后换成充电模式 2 进行慢充测试,故障现象依旧。

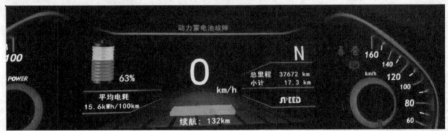

图 4-6 仪表显示动力蓄电池故障

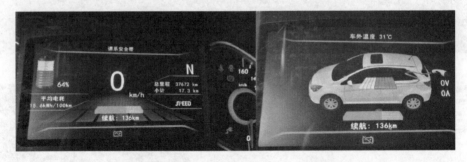

图 4-7 仪表显示动力蓄电池断开故障,充电电压、电流为 0

2. 故障分析

1)单从仪表显示动力蓄电池故障分析:仪表能正常显示电池信息,说明 BMS 与车身模块通信连接正常,基本上可以排除动力蓄电池低压插接器故障;高压插接器松动、未插实造成高压互锁检测失败,会直接报动力蓄电池故障。应首先考虑升车,检查高压插接器。

2)能够造成快充、慢充均无法充电的原因:车辆远程开关、车辆充电控制回路熔断器、继电器故障。

3)动力蓄电池自身故障:BMS 自检、继电器控制回路和主回路故障。

3. 故障检修

1)先选简单的:升车后对动力蓄电池高、低压插接器进行外观检查,无异常;仪表测量无异常后，反复插拔验证，并能确保高压互锁正常。

2）车辆充电控制回路查线后均正常。

3）此时，必须考虑动力蓄电池故障了，通过软件检测到电池内部单体蓄电池电压异常，为0V，与之相邻单体蓄电池电压8V，初步判断为单体蓄电池故障或采样线的故障。拆动力蓄电池后开盖处理，通过该单体蓄电池采样端口测量无电压后，拆卸模组和单体。后经进一步测量，结果为PCB板损坏，如图4-8所示。

图4-8　PCB板

4）更换PCB板后修复模组，复装动力蓄电池。经测试：快、慢充恢复正常，如图4-9所示，修复后仪表无故障显示，可进行充电。

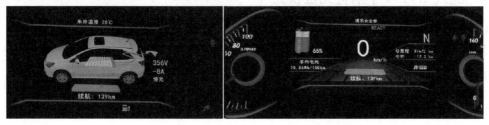

图4-9　修复后仪表无故障显示，可进行充电

4. 分析总结

该车辆在实操教学过程中，违规测量采样点电压，因电池采样端口插件内部狭小，在测量过程中表笔使采样端子短接造成单体PCB采样模块损坏。因此BMS检测并上报动力蓄电池故障，充电禁止。

4.3.3　北汽EV160使用充电模式2充电失败

1. 故障现象

北汽EV160使用充电模式2插枪充电后，仪表能显示充电连接，但不启动充电，如图4-10所示。

2. 故障分析

1）充电模式2没有12V输出。

2）车辆慢充控制回路故障（查熔断器

图4-10　仪表能显示充电连接，但不启动充电

和继电器）。

3）检查车辆的远程控制开关是否误置为工作状态。

4）检查枪线连接是否正常。

3. 故障检修

1）用充电模式 3 进行插枪充电，结果可以正常充电。这样首先排除了车辆慢充控制回路的问题，故障直接指向了枪线连接和充电模式 2 自身故障。

2）检查充电模式 2，重新连接充电枪的过程中发现充电模式 2 的故障提示灯闪烁。开始分析模式 2 的故障原因：电网电源、内部故障。

3）分别对充电模式 2 和电网电源进行外观检查，均正常。

4）首先测量电源 16A 插座：L、N 之间电压 AC 224V 正常；当测量到 PE 与 L 时显示电压为 0V，故障点找到了：该电源点处没有接地线。

5）经仔细检查后发现线管里只有 L、N 两根线，没有接地线。现场找来导线经过临时处理，再次测量 L 与 PE 之间电压 AC 220V。之后插枪充电正常。

4. 分析总结

GB/T 18487.1—2015《电动汽车传导充电系统　第 1 部分：通用要求》中规定充电模式 2 在充电前和正在充电时都必须对保护接地导体持续监测，并且国标规定了监测的范围是在电动汽车和缆上控制与保护装置之间。

4.3.4　北汽 EV150 个别桩无法快充

1. 故障现象

北汽 EV150 车型在国网快充桩上可以快充，但无法在特来电的分布式快充桩上快充。具体表现为：启动充电后，车辆高压继电器反复吸合，过后桩端显示高压连接故障，充电失败。

2. 故障分析

初步分析，造成 CC2 电压过低的可能原因为：

1）充电枪里电阻不正常。

2）CC2 受电磁干扰影响。

3）BMS 采集 CC2 电压不正常。

3. 故障检修

1）测量充电枪电阻，阻值 1000Ω，正常→该车在国网的快充桩上可以正常快充，受电磁干扰的可能性较小→BMS 工作不正常导致 BMS 采集的 CC2 电压不正常的可能性比较高。

2）测量车端 A+ 电压，发现电压只有 8V 左右，因此怀疑 A+ 电压过低，导致 BMS 工作不正常，取 12V 蓄电池电模拟充电桩 A+，发现 CC2 电压正常，车辆可以正常快充。

3）经特来电工程师确认，该充电桩低压电源模块空载时输出电压为 13V 左右，带载时（负载功率 40W 以内，远小于电源模块的额定功率 150W），输出电压为 10V 左右（直接在电源模块的输出端口测量），但是在充电枪端测量电压值为 8V 左右，从电源模块输出端到充电枪端，有 2V 左右的压降，测量此段线束阻值，0.7Ω，阻值过大。

4）将 150W 电源模块更换为 350W 电源模块，并调高模块输出电压后，CC2 电压正常，车辆均可正常快充。

4. 分析总结

1）充电桩电源模块低负载工作时，工作电压只有 10V 左右，电压过低。

2）充电桩低压电源线束（电源模块输出端至快充插头之间）电阻过大，达到 0.7Ω，造成 A+压降（2V 左右）过大。

4.3.5 北汽 EV200 不能慢充

1. 故障现象

北汽 EV200 车辆无法慢充，报动力蓄电池故障。经实测：车辆可以正常起动，READY 灯亮，但是无法慢充，如图 4-11 所示。

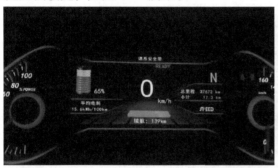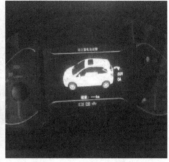

图 4-11 北汽 EV200 车辆无法慢充

2. 故障分析

导致车辆无法慢充的原因：

1）充电机高压熔断器、常电、地线有问题，导致无法充电。

2）VCU 不唤醒动力蓄电池、动力蓄电池继电器不闭合或 BMS 主板问题导致无法慢充。

3）整车新能源 CAN 线出现问题导致无法充电。

3. 故障检修

1）经过对照电路图测量可知，充电机高压熔断器、常电、地线均正常。车载充电机相关电路如图 4-12 所示。

2）测量唤醒线电压值正常，但是动力蓄电池不闭合继电器。

3）这个阶段，用采报文的形式去排查会比较快一点。

4）经过采报文：发现新能源 CAN 线上存在错误帧（因为错误帧出现，不带着原地址，所以看不出来是哪个部件干扰，只能一

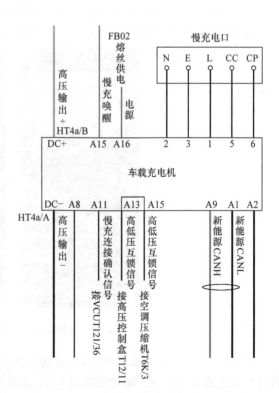

图 4-12 车载充电机相关电路

个个地断掉 CAN 总线的节点），如图 4-13 所示。

图 4-13　CAN 线上存在错误帧（灰底的为错误数据帧）

5）测量一下 CAN 总线电压值和阻值分别为 0.2V 和 35Ω，如图 4-14 所示，确实存在问题，基本上找到了无法慢充的问题点（CAN 总线干扰）。

图 4-14　万用表测量 CAN 总线电压值和阻值

6）接下来，一个个地断掉 CAN 总线的节点（如果 CAN 总线上低压电器模块全部断掉、阻值和电压值依然存在，那肯定就是 CAN 总线与车身搭铁短路造成）。当断开中控大屏线束插接器时，如图 4-15 所示，CAN 总线恢复正常。经试车可以正常慢充，如图 4-16 所示。

CAN 线无错误帧显示，故障排除，如图 4-17 所示。

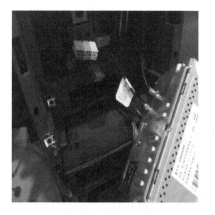

图 4-15　断开中控大屏线束插接器

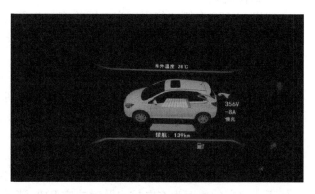

图 4-16　充电恢复正常

7）问题解决措施：更换中控大屏（内部短路）。

Filter:

Time	Bus	Type	ID	DLC	Data
255.0289	1	Rx	210h	8	0A 00 00 00 00 00 00 00
255.0292	1	Rx	212h	8	24 00 00 00 A8 00 1E 78
255.0294	1	Rx	214h	8	00 6E 04 04 07 00 00 00
255.0340	1	Rx	410h	8	00 2C 00 00 00 00 00 00
255.0364	1	Rx	450h	8	3C FA 00 00 21 C4 42 C0
255.0367	1	Rx	451h	8	94 CD 4E 5B 94 B9 03 00
255.0389	1	Rx	210h	8	0A 00 00 00 00 00 00 00
255.0392	1	Rx	212h	8	24 00 00 00 A8 00 1E 78
255.0394	1	Rx	214h	8	00 6E 04 04 07 00 00 00
255.0433	1	Rx	490h	8	01 00 96 00 00 00 00 00
255.0435	1	Rx	491h	8	00 00 00 00 00 00 00 00
255.0489	1	Rx	210h	8	0A 00 00 00 00 00 00 00
255.0492	1	Rx	212h	8	24 00 00 00 A8 00 1E 78
255.0494	1	Rx	214h	8	00 6E 04 04 07 00 00 00
255.0516	1	Rx	520h	8	03 8D 0B 40 94 D4 0B 41
255.0518	1	Rx	521h	8	00 00 00 00 00 00 00 00
255.0540	1	Rx	410h	8	00 2C 00 00 00 00 00 00
255.0563	1	Rx	450h	8	3C FA 00 00 21 C4 42 C0
255.0565	1	Rx	451h	8	94 CE 4E 5C 94 B6 03 00
255.0589	1	Rx	210h	8	0A 00 00 00 00 00 00 00
255.0592	1	Rx	212h	8	24 00 00 00 A8 00 1E 78
255.0594	1	Rx	214h	8	00 6E 04 04 07 00 00 00

图 4-17　CAN 线无错误帧显示，故障排除

4. 分析总结

通过电路图分析：车辆在充电过程中，连接握手完成后、充电机常电、地线正常，充电机唤醒 VCU、VCU 唤醒 BMS、动力低压自检正常后，VCU 闭合动力蓄电池继电器，VCU 接收到动力蓄电池在可充电状态下、充电机初始化完成后。闭合 S2 开关，表示车辆准备就绪、PWM 波变为 6V。充电桩监测点 1 检测到 6V 后，桩端闭合 K1、K2 开关进行充电。当 CAN 总线出现错误帧时，VCU 接收到电池的信息有误，导致无法充电，也不会闭合 S2 开关，造成无法充电的现象。

4.3.6 北汽 EV200 快充失败

1. 故障现象

北汽 EV200 车辆在使用国家电网快充桩进行充电时，经常要尝试多次后才可以正常快充，且每次充电失败，充电桩都会显示"与 BMS 握手超时"。

2. 故障分析

经现场采快充报文并分析可知：启动充电后，充电桩正常向 BMS 发送 CRM 报文；BMS 收到 CRM 报文后，向充电桩发送"请求发送多帧报文"（0x1CEC56F4），充电桩一直未发送相应的应答报文（0x1CECF456）；5s 后，BMS 发出 BEM 报文，显示接收充电机辨识报文超时，车辆快充失败。

3. 分析总结

GB/T 27930—2015 规定的 CRM 报文超时时间为 5s，BMS 策略符合国标要求，初步判断车辆无法快充的原因为充电桩未及时响应 BMS 请求。

4.3.7 北汽 EV160 快充和慢充均不能充电

1. 故障现象

快充和慢充插枪后车辆仪表显示连接，但无法启动充电。实际测试时，该车辆行车模式下正常，充电模式下仪表显示连接状态灯，未听见继电器吸合的声音，也无充电电流。

2. 故障分析

1）充电桩为快充和慢充。快充桩刚刚充了几台车，故障可能性极低；慢充分别用了充电模式 3 和充电模式 2 进行验证，均不能充电，两种充电模式也经常为车辆充电，因此故障定位主要在于车辆方面。

2）查电路图（图 4-18），充电系统控制回路熔丝 FB02 之后是快充继电器；慢充车载充电机模块供电也需要经 FB02，因此应从 FB02 着手查起。

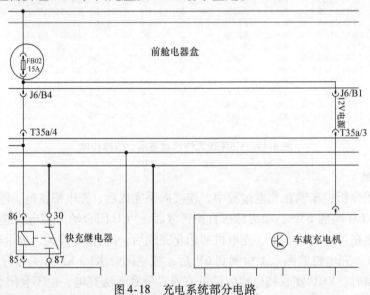

图 4-18 充电系统部分电路

3. 诊断维修

经查，FB02 熔丝熔断，在排除线路无虚接、短接现象后，更换熔丝，经过慢充插枪之后，观察仪表和充电模式 3 均显示为正常充电电流。之后快充插枪实验，车辆仪表和桩端显示均正常。

4. 分析总结

据反映，该车辆前一天还在国网站正常充电。经仪表测量充电控制回路没有虚接和短路的现象。经更换熔丝后可以正常充电，充电过程中观察无异常。熔丝熔断属无意识错误操作导致的偶发现象。

本 章 小 结

1. 充电桩保养制度要求：预防为主、定期保养、保养记录、安全保养、合理规划、保养确认、及时处理、维修保养统一。

2. 充电桩保养作业包括：设备外观除尘清扫；充电桩防尘棉更换；充电桩电源模块除尘；充电桩主板、电源板除尘；设备周围清理，不得堆积易燃易爆物品；主要部件在运行时，温度、声音、气味等不应出现异常情况；保养结束后进行充电桩充电功能测试，检查是否有配件损坏及桩充电是否正常。

3. 充电桩维修人员作业防护用具包括：绝缘手套、绝缘鞋、护目镜、绝缘安全帽、绝缘电阻测试仪、绝缘橡胶垫、绝缘手动工具。

实训项目　充电桩故障诊断与排除

实训 7　充电模式 4 充电故障排除

1. 实训目标

依照故障描述进行故障分析，自行拟定维修方案，并按照方案进行故障排除。

2. 仪器和设备

1）充电模式 4 教学台架、纯电动车辆。

2）P-CAN 分析仪、BCS1610 万用表、安全防护用具、新能源标准工位。

3. 安全操作注意事项

1）B 类电压实施安全防护。

2）充电过程中严禁开启充电桩背门。

3）严禁触摸带有危险警示标识的高压带电体。

4. 故障描述

北汽 EV160 在充电模式 4 充电失败，物理连接完成后开启充电，观察充电设备机屏显示。当桩端绝缘检测完成并投切泄放电路之后，车辆主接触器吸合，此时充电设备上显示无充电电压和充电电流，60s 后车辆接触器断开，充电桩保持无电压、无电流状态，如图 4-19 所示。

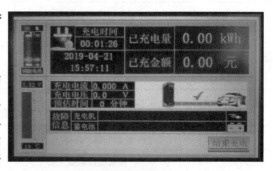

图 4-19　充电桩屏幕显示无电压、电流

5. 操作过程

排除充电系统故障时，学员需要通过故障现象自行拟定维修方案。结合本章节学习的知识自行分析故障。通过故障归类、分项排查的方法实现故障的排除，并完成表4-9至表4-16。

表4-9 物理连接阶段分析

序号	充电阶段	时序流程	结果（简要记录）
1	物理连接	桩端显示连接状态	
2		车辆显示连接状态	
3		电子锁闭合状态	
4		S开关动作测试	

表4-10 充电握手启动流程分析

序号	握手阶段	报文数据	结果（简要记录）
1	桩发送握手		
2	BMS判断接收		
3	BMS发送握手		
4	桩判断接收		
5	BMS判断接收超时		
6	桩判断接收超时		

表4-11 绝缘检测和泄放电路投切过程分析

序号	充电桩机屏显示	测试方法	结果（简要记录）
1	输出绝缘电压值（上升值）	目测观察	
2	输出绝缘电压值（下降值）	目测观察	
3	泄放电路投切	目测观察	
4	泄放结果电压值	目测观察	

表4-12 充电握手辨识流程分析

序号	握手辨识阶段	报文数据	结果（简要记录）
1	桩发送辨识报文		
2	BMS判断接收辨识报文、是否超时		

(续)

序号	握手辨识阶段	报文数据	结果（简要记录）
3	BMS 发送辨识报文		
4	桩判断接收辨识报文、是否超时		
5	桩发送辨识结果 AA		
6	BMS 判断接收桩发送 AA		

表 4-13　充电参数配置流程分析

序号	参数配置阶段	报文数据	结果（简要记录）
1	BMS 发送充电参数报文		
2	桩判断接收 BMS 发送的充电参数报文		
3	桩发送时间同步和最大输出能力报文		
4	BMS 判断是否接收到上述报文、是否超时		
5	BMS 发送充电准备就绪报文		
6	桩判断是否接收到上述报文、是否超时		
7	桩发送充电准备就绪报文 = AA		
8	BMS 判断是否接收到上述报文、是否超时		

表 4-14　充电过程中的异常统计

序号	异常项	所属充电阶段	标准	结果（简要记录）
1				
2				
3				
4				
5				
6				
7				
8				

表 4-15　设计维修方案

序号	检测点	所属充电阶段	标准	检测目的（简要记录）
1				
2				
3				

（续）

序号	检测点	所属充电阶段	标准	检测目的（简要记录）
4				
5				
6				
7				
8				

表 4-16　维修或排查结果

序号	检测点	所属充电阶段	标准	检测结果（简要记录）
1				
2				
3				
4				
5				

第 5 章

充电模式 2 与充电模式 3 实训教学任务

5.1 充电模式 2（HZ – CHG – 2）教学台架学习任务

5.1.1 充电模式 2（HZ – CHG – 2）教学台架结构、安全规范及操作流程

1. 充电模式 2（HZ – CHG – 2）教学台架结构

图 5-1 所示为 HZ – CHG – 2 教学台架，其为铝型材框架版，采用绝缘材料作为面板，以国标充电模式 2 连接方式 B 实现为 BD – BT16 电池系统充电。台架内置的车载充电机具备与 BMS 通信和充电枪的充电连接确认功能。该设备包括符合 IEC61010 – 1 及 CATⅢ600V 要求的高压电力专用可插拔接口、低压电力可插拔接口、CAN 通信可插拔接口、高压指示灯、高低压安全开关；充电系统可独立对系统进行充电，通过上位机调节充电系数，学生通过观察与操作了解充电系统的原理和组成。台架连接故障盒，通过故障设置触屏模拟故障发生，可设置至少 5 种有明显故障现象的主要故障，使用专用工具诊断并排除故障，包括绝缘电阻、单体蓄电池电压及各元器件电阻测量，拆装接线等教学活动。该教学台架配置、功能及可实现教学内容见表 5-1，性能参数见表 5-2。

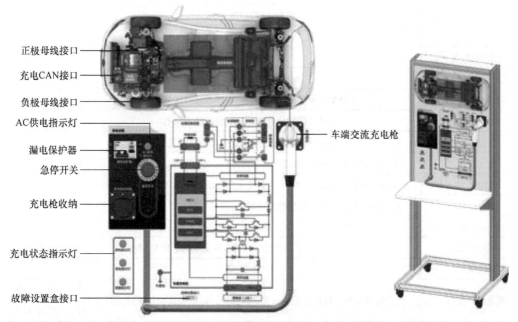

图 5-1 充电模式 2（HZ – CHG – 2）教学台架

表 5-1　充电模式 2（HZ-CHG-2）教学台架配置、功能及可实现教学内容

项目	内容
HZ-CHG-2 系统配置	车载充电机 国标车端交流充电枪 国标交流充电适配器 故障设置系统
HZ-CHG-2 系统功能	电池系统专用充电 可进行充电系统工况测试 可进行充电系统故障设置，故障设置点不少于 5 组 可使用专用工具诊断并排除故障
可实现的教学内容	交流充电系统的原理和组成 锂离子电池充电原理 锂离子电池充电管理控制策略 充电系统与电池管理系统通信技术

表 5-2　充电模式 2（HZ-CHG-2）教学台架性能参数

项目	技术参数	备注
额定输入电压/V	AC 85~256	标准市电
额定频率/Hz	45~65	标准市电
输出电压最大值/V	65	
输出电流最大值/A	25	
功率因数	≥0.98	
满载效率（%）	≥93	
机械冲击及抗震等级	符合 SAEJ1378 要求	
防护等级	IP66	
工作温度/℃	-40~100	
过热保护	>75℃，电流自动减少 >85℃，保护性关机，温度下降时自动恢复充电	
短路保护	自动关闭输出，延迟 10s 重新启动充电	
反接保护	切断内部电路与电池的连接，不启动充电	
输入低压	当输入电压低于 85V，充电机保护性关机，电压正常后自动恢复工作	
充电类型	交流充电模式 2 连接方式 B；具有充电控制、充电状态检测、警告	
充电控制	通过 CAN 总线控制（或使能线控制）；充电控制引导信号（CC、CP）	
CP 端 PWM	振幅：±12V DC，频率：1kHz，正半周占空比	
充电电流	最大可满足 16A 交流充电，可自定义 13A、10A、8A	
漏电保护	TPYE A 型	
其他保护支持	过电流保护、过电压保护、欠电压保护、过电温保护、接地检测	过电流保护：额定 13A

2. 安全标识及规范

（1）安全标识　安全标识释义见表5-3。

表5-3　安全标识释义

标识图形	释义	描述
	高压警告/电击危险标识	由于没有按照要求操作造成的危险，可能会导致火灾、人身严重伤害，甚至死亡
	注意标识	由于没有按要求操作造成的危险，可能会导致人身中等程度的伤害或轻伤，以及发生系统损坏
	触碰导电部件警示	空
	请参照用户手册	空
	触电危险警告/通电状态下严禁拔插线	空

（2）安全规范

1）操作开始前，阅读所有操作说明，并确认自己具备相应的工具、更换或修理零组件，以及安全、全面地执行该任务所要求的技能。

2）必要时，使用其他的防护物品，例如，绝缘手套或安全鞋。处理热的或锋利零组件可能会造成严重烧伤或割伤。在需要手握有可能使自己受伤的任何零组件之前，应戴上手套。

3）在开始实施任何操作步骤前，除非说明中规定应在设备运行的状态下进行，否则一定要将设备关闭。

3. 操作流程

（1）充电系统接线

【警告】HZ-CHG-2教学台架在无"故障检测"等特殊需求下，请勿带电连接线束。在连接任何线束前，请确认设备已经断电，否则有触电和损坏设备的危险。在连接任何线束前，请及时复位所有故障设置开关至正常档位，档位设置参考《故障设置开关说明》，否则有损坏设备和造成系统故障的危险。高压部件及其相关部件上贴有警告标识,在未配备充分保护装置的情况下,切勿触摸这些线缆与部件。连接或断开高压导线端子之前,使用电压表测量时,确保端子之间的电压低于30V。

1) 连接电池系统,插入交流充电枪,如图5-2所示。

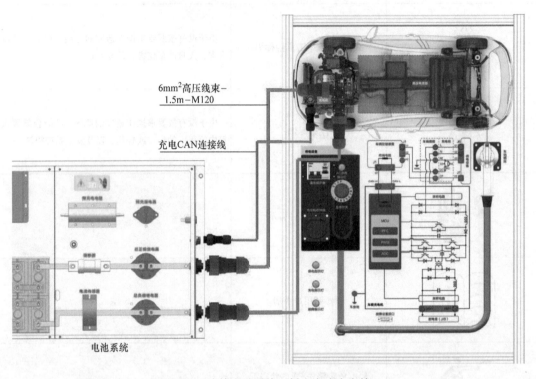

图5-2 连接电池系统,插入交流充电枪

2) 如图5-3所示,连接AC电源线,至此充电系统的接线完成。

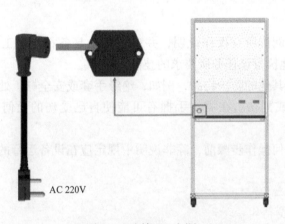

图5-3 连接AC电源

(2) 启动电池系统BMS

【警告】完成充电系统正确接线后,应在HZ-BT16台架完成本操作,否则无法完成充电；在充电的过程中，请不要随意插拔连接线缆，以防触电。

电池系统（HZ-BT16）保持无故障状态；打开 HZ-BT16 电源开关、点火开关，显示屏（BDU）亮起，进入 BMS 界面。

（3）打开漏电保护器（图5-4）　向上拨动漏电保护器拨杆，AC 供电指示灯常亮。

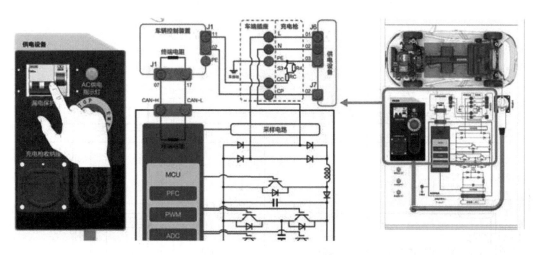

图5-4　打开漏电保护器

（4）打开急停开关（图5-5）　此时设备状态描述：充电机起动；三个充电状态指示灯亮 0.5s 左右，仅一次；充电系统与电池系统通信开启；等待充电，供电指示灯、充电指示灯常亮；从车载充电系统箱体上交流测量孔可测量到实时电压值；正常充电开始，供电指示灯常亮，充电指示灯闪烁（1s）；BMS 显示仪表显示充电数据流（电压、电流和 SOC）；当充电机无法完成充电任务时，系统可能出现故障，故障指示灯闪烁，充电完成，供电指示灯常亮，充电指示灯灭，故障指示灯灭；至此，充电系统的充电操作完成。

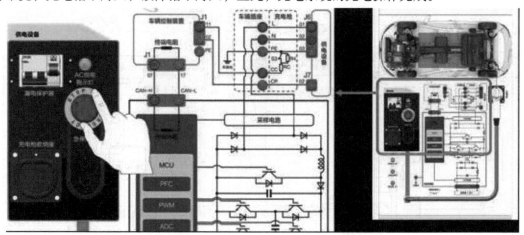

图5-5　打开急停开关

5.1.2　学习任务1　交流充电连接确认（CC）故障诊断与排除

1. 交流充电控制导引控制原理（充电连接确认）

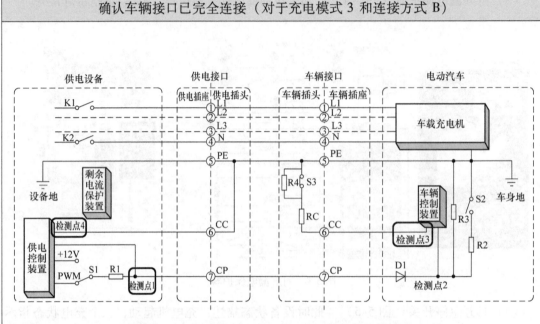

图 5-6　充电模式 3 连接方式 B 的控制导引电路原理

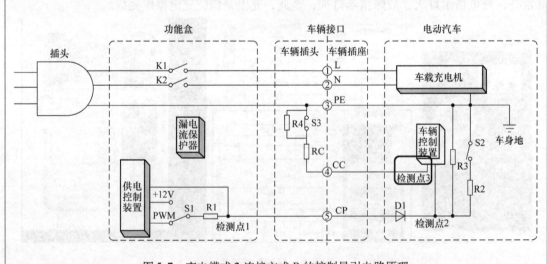

图 5-7　充电模式 2 连接方式 B 的控制导引电路原理

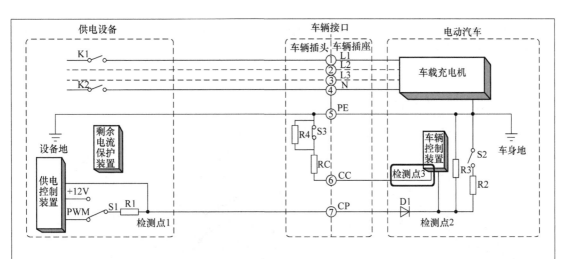

图 5-8 充电模式 3 连接方式 C 的控制导引电路原理

图 5-6 ~ 图 5-8 分别为充电模式 3 连接方式 B、充电模式 2 连接方式 B 和充电模式 3 连接方式 C 的控制导引电路原理图。车辆控制装置通过测量检测点 3 与 PE 之间的电阻值来判断车辆插头与车辆插座是否完全连接。未连接时，S3 处于闭合状态，CC 未连接，检测点 3 与 PE 之间的电阻值为无限大；半连接时，S3 处于断开状态，CC 已连接，检测点 3 与 PE 之间的电阻值为 RC + R4；完全连接时，S3 处于闭合状态，CC 已连接，检测点 3 与 PE 之间的电阻值为 RC。

供电控制装置通过测量检测点 1 或检测点 4 的电压来判断供电插头和供电插座是否完全连接（对于连接方式 A 和 B）。

电子锁
完全连接后，如车辆插座内配备有电子锁，电子锁应在供电（K1 和 K2 闭合）前锁定车辆插头并在整个车辆准备就绪充电流程中保持。如不能锁定，由电动车辆决定下一步操作，例如继续充电流程，通知操作人员并等待进一步指令或终止充电流程。

2. 充电连接确认 CC 故障排除

（1）确认故障现象

1）插入充电枪，启动电池系统 BMS。

2）打开急停开关，等待车辆控制装置自检后，确认故障现象。

（2）分析故障可能原因

1）总正继电器指示灯不亮，总负继电器指示灯保持亮起：车辆接口（充电枪）S3 开关故障或机械锁止装置失效；充电 CAN 信号失效或断路；充电连接确认 CC 故障。

2）总正、总负继电器指示灯保持亮起，充电指示灯不亮：控制导引信号 CP 故障。

（3）制订排故方案

1）拔下充电枪，分别测量按下与不按机械锁止装置（S3 开关）时 CC 与 PE 之间电阻，排除车辆接口（充电枪）故障或机械锁止装置失效。

2）拔下充电枪，测量枪端 CP 与面板供电设备 J7 – 02 之间的电阻，排除控制导引信号 CP 故障。

3）测量面板 J1-11 与（面板）车辆插座 CC 之间的电阻，排除充电连接确认 CC 故障。

（4）实施排故流程

断电
按下急停开关；保持漏电保护器。
在不按和按下机械锁止装置时，分别测量 RC 或 R4 与 RC 电阻值，如图 5-9 所示。

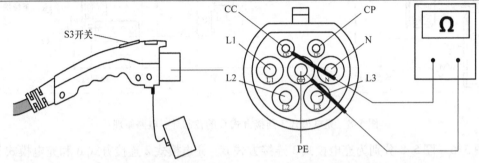

图 5-9　在不按和按下机械锁止装置时，分别测量 RC 或 R4 与 RC 电阻值

测量点：枪端 CC 与 PE 触头	测量结果：_____

根据国标参数确认充电枪 R4 与 RC 电阻值，见表 5-4：

表 5-4　车辆接口连接状态及 R4 与 RC 的电阻值

状态	RC	R4	S3	车辆接口连接状态及额定电流
状态 A	—		—	车辆接口未完全连接
状态 B	—		断开	机械锁止装置处于解锁状态
状态 C	1.5kΩ/0.5W	—	闭合	车辆接口已完全连接，充电电缆容量为 10A
状态 C'	1.5kΩ/0.5W	1.8kΩ/0.5W	断开	车辆接口处于半连接状态
状态 D	680Ω/0.5W	—	闭合	车辆接口已完全连接，充电电缆容量为 16A
状态 D'	680Ω/0.5W	2.7kΩ/0.5W	断开	车辆接口处于半连接状态
状态 E	220Ω/0.5W	—	闭合	车辆接口已完全连接，充电电缆容量为 32A
状态 E'	220Ω/0.5W	3.3kΩ/0.5W	断开	车辆接口处于半连接状态
状态 F	100Ω/0.5W	—	闭合	车辆接口已完全连接，充电电缆容量为 63A
状态 F'	100Ω/0.5W	3.3kΩ/0.5W	断开	车辆接口处于半连接状态

注：电阻 RC、R4 的精度为 ±3%。

结论：

① 不按机械锁止装置时，电阻值是否约为 680Ω？

是：排除车辆接口（充电枪）故障或机械锁止装置失效。

否：确认车辆接口（充电枪）故障或机械锁止装置失效，并提出维修建议。

② 按机械锁止装置时，电阻值是否约为 3380Ω？

是：排除车辆接口（充电枪）故障或机械锁止装置失效。

否：确认车辆接口（充电枪）故障或机械锁止装置失效，并提出维修建议。

测量枪端 CP 与面板供电设备 J7-02 之间的电阻，如图 5-10 所示。

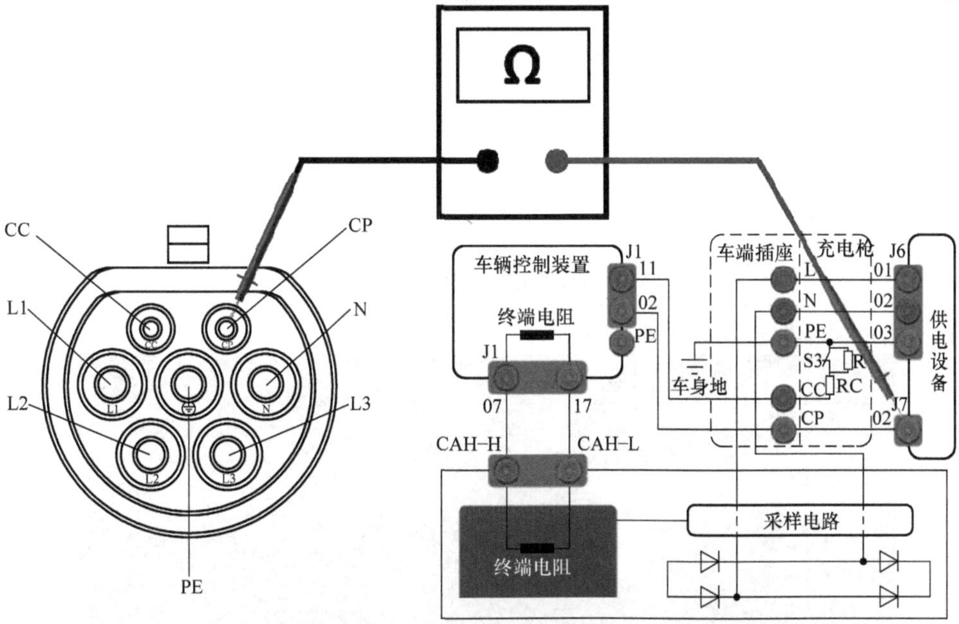

图 5-10　测量枪端 CP 与面板供电设备 J7-02 之间的电阻

测量点：枪端 CP 触头与供电设备 J7-02，如图 5-10 所示。

测量结果：_____

结论：是否小于 0.6Ω？

是：排除控制导引信号 CP 故障。

否：确认控制导引信号 CP 故障，并提出维修建议。

测量面板 J1-11 与（面板）车辆插座 CC 之间电阻

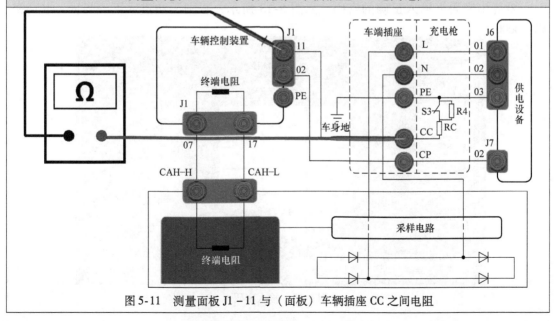

图 5-11　测量面板 J1-11 与（面板）车辆插座 CC 之间电阻

测量点：J1-11 与车辆插座 CC，如图5-11所示。	测量结果：_____
结论：是否小于 0.6Ω？ 是：排除充电连接确认 CC 故障。	

（5）清除故障

使用故障设置系统清除故障
① 点击故障读取选项如图 5-12 所示；
图 5-12　点击故障读取选项
② 弹出密码框输入正确的密码，如图 5-13 所示，否则无法进入下一界面；本页密码：0000。
图 5-13　输入密码

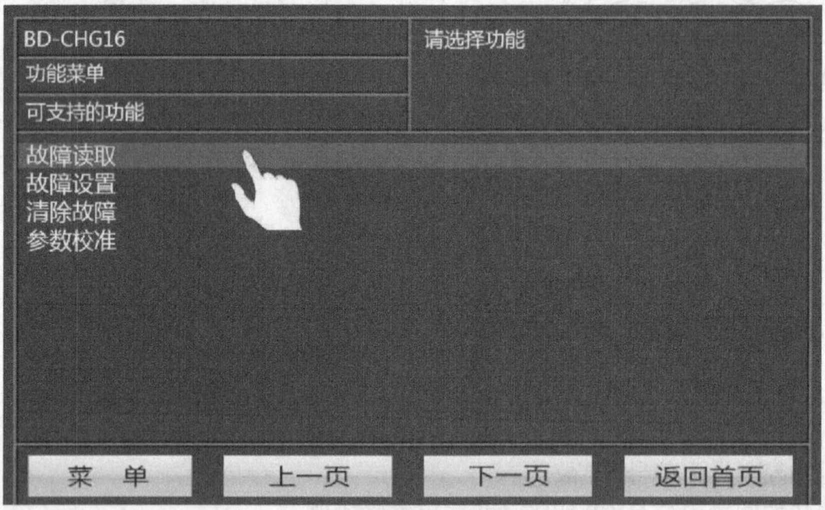

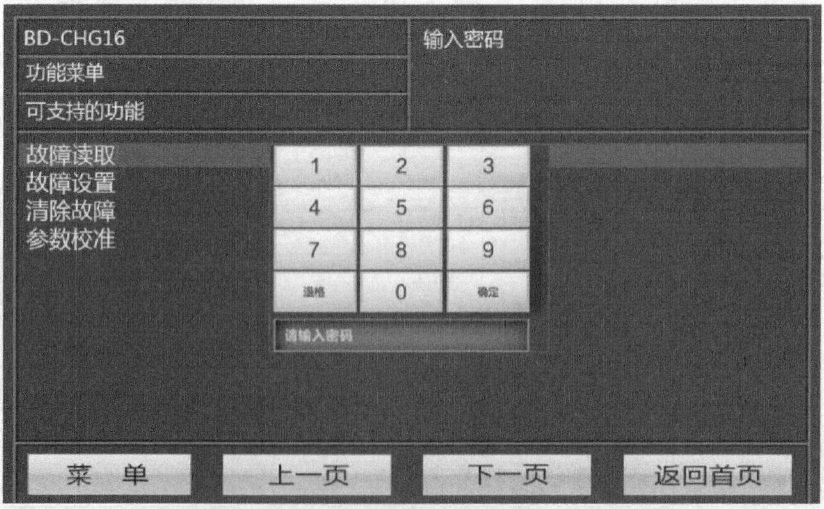

③ 显示当前故障,如图 5-14 所示。

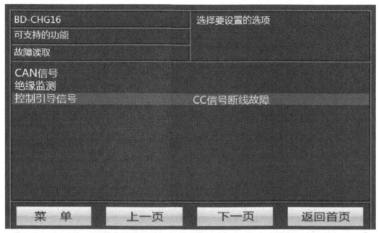

图 5-14　显示当前故障

④ 显示当前故障,并点击故障名清除故障,如图 5-15 所示。

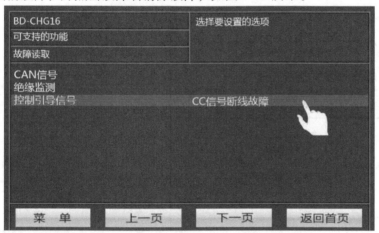

图 5-15　显示当前故障,并点击故障名清除故障

⑤ 点击确定,清除故障,如图 5-16 所示。

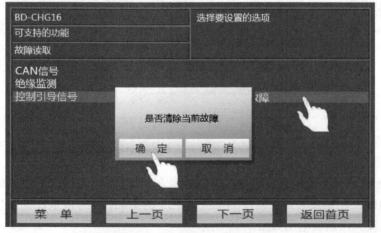

图 5-16　点击确定,清除故障

⑥ 显示当前故障已清除，如图 5-17 所示。

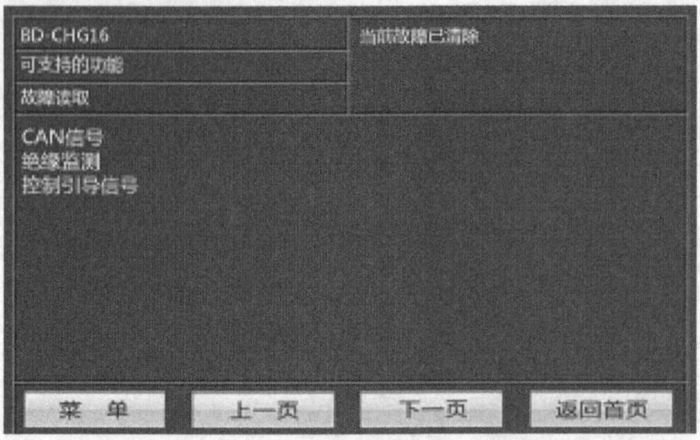

图 5-17 当前故障已清除

（6）验证 插入充电枪，启动电池管理系统（BMS），打开急停开关，等待车辆控制装置自检后，确认故障排除。

5.1.3 学习任务 2 交流充电控制导引（CP）故障诊断与排除

1. 交流充电控制导引控制原理

充电连接装置载流能力和供电设备电功率的识别

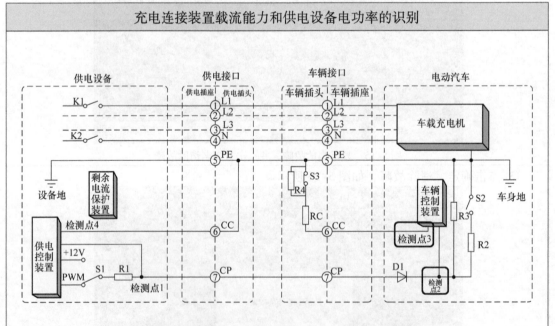

图 5-18 充电模式 3 连接方式 B 的控制导引电路原理

如图 5-18 所示，车辆控制装置通过测量检测点 3 与 PE 之间的电阻值来确认当前充电连接装置（电缆）的额定容量；通过测量检测点 2 的 PWM 信号占空比确认当前供电设备的最大供电电流。振荡器电压如图 5-19 所示。

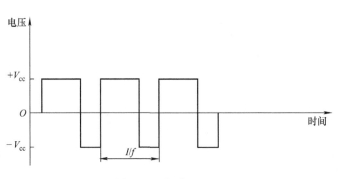

图 5-19 振荡器电压

占空比与充电电流限值的映射关系见表 5-5 和表 5-6。

表 5-5 充电设施产生的占空比与充电电流限值映射关系

PWM 占空比 D	最大充电电流 I_{max}/A
$D = 0\%$，连续的 $-12V$	充电桩不可用
$D = 5\%$	5% 的占空比表示需要数字通信，且需在电能供应之前在充电桩和电动汽车间建立通信
$10\% \leq D \leq 85\%$	根据公式：$I_{max} = D \times 100 \times 0.6$ 计算最大充电电流：I_{max}
$85\% < D \leq 90\%$	根据公式：$I_{max} = (D \times 100 - 64) \times 2.5$ 且 $I_{max} \leq 63$ 计算最大充电电流
$90\% < D \leq 97\%$	预留
$D = 100\%$，连续正电压	不允许

表 5-6 电动车辆检测的占空比与充电电流限值映射关系

PWM 占空比 D	最大充电电流 I_{max}/A
$D < 3\%$	不允许充电
$3\% \leq D \leq 7\%$	5% 的占空比表示需要数字通信，且需在电能供应之前在充电桩和电动汽车间建立通信
$7\% < D < 8\%$	不允许充电
$8\% \leq D < 10\%$	$I_{max} = 6$
$10\% \leq D \leq 85\%$	根据公式：$I_{max} = D \times 100 \times 0.6$，计算最大充电电流
$85\% < D \leq 90\%$	根据公式：$I_{max} = (D \times 100 - 64) \times 2.5$ 且 $I_{max} \leq 63$，计算最大充电电流
$90\% < D \leq 97\%$	预留
$D > 97\%$	不允许

充电过程中，车辆控制装置应对检测点 3 与 PE 之间的电阻（对于连接方式 B 和 C）及检测点 2 的 PWM 信号占空比进行监测，供电控制装置应对检测点 4 及检测点 1（对于充电模式 3 的连接方式 A 和 B）的电压值进行监测。

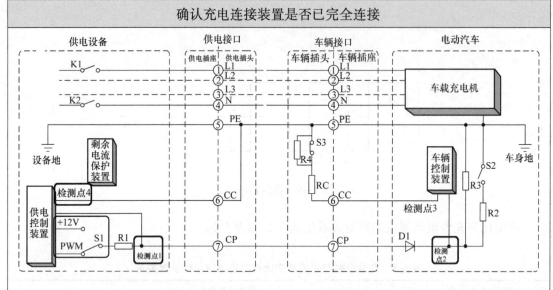

图 5-20 充电模式 3 连接方式 B 的控制导引电路原理

如图 5-20 所示，如供电设备无故障，并且供电接口已完全连接（对于充电模式 3 的连接方式 A 和 B），则开关 S1 从 +12V 连接状态切换至 PWM 连接状态，供电控制装置发出 PWM 信号。供电控制装置通过测量检测点 1 的电压值或检测点 4 来判断充电连接装置是否完全连接。车辆控制装置通过测量检测点 2 的 PWM 信号，判断充电连接装置是否完全连接。

车辆准备就绪

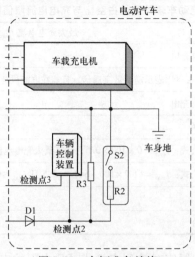

图 5-21 车辆准备就绪

如图 5-21 所示，在车载充电机自检完成且没有故障的情况下，电池组处于可充电状态时，车辆控制装置闭合开关 S2（如果车辆设置有"充电请求"或"充电控制"功能时，则同时应满足车辆处于"充电请求"或"可充电"状态）。

供电设备准备就绪

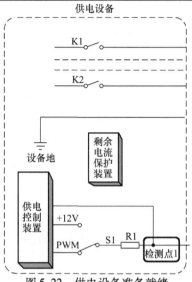

图 5-22 供电设备准备就绪

表 5-7 检测点 1 的电压状态

充电过程状态	充电连接装置是否连接	S2	车辆是否可以充电	检测点1峰值电压（稳定后测量）/V	说明
状态 1	否	断开	否	12	车辆接口未完全连接，检测点 2 的电压为 0
状态 2	是	断开	否	9	S1 切换至与 PWM 连接状态，R3 被检测到
状态 3	是	闭合	可	6	车载充电机及供电设备处于工作状态

如图 5-22 所示，供电控制装置通过测量检测点 1 的电压值来判断车辆是否准备就绪。当检测点 1 峰值为表 5-7 中状态 3 对应的电压值时，则供电控制装置通过闭合接触器 K1 和 K2 使交流供电回路导通。

充电系统的启动

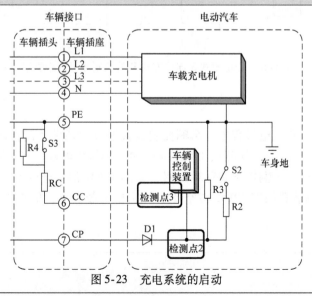

图 5-23 充电系统的启动

如图 5-23 所示，当电动汽车和供电设备建立电气连接后，车辆控制装置通过判断检测点 2 的 PWM 信号占空比确认供电设备的最大可供电能力，并且通过判断检测点 3 与 PE 之间的电阻值来确认电缆的额定容量，车辆的连接状态及 RC 的电阻值见表 5-4。车辆控制装置对供电设备当前提供的最大供电电流值、车载充电机的额定输入电流值及电缆的额定容量进行比较，将其最小值设定为车载充电机当前最大允许输入电流。当车辆控制装置判断充电连接装置已完全连接，并完成车载充电机最大允许输入电流设置后，车载充电机开始对电动汽车进行充电。在充电过程中，当接收到检测点 2 的 PWM 信号时，车载充电机最大允许输入电流设置取决于供电设备的可供电能力、充电线缆载流值和车载充电机额定电流的最小值。

检查供电接口的连接状态及供电设备的供电能力变化情况

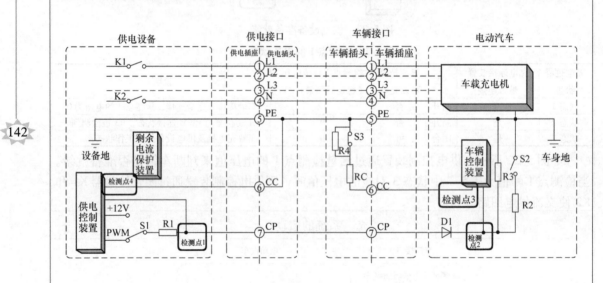

图 5-24 充电模式 3 连接方式 B 的控制导引电路原理

如图 5-24 所示，在充电过程中，车辆控制装置通过周期性监测检测点 2 和检测点 3，供电控制装置通过周期性监测检测点 1 和检测点 4，确认供电接口和车辆接口的连接状态，监测周期不大于 50ms。车辆控制装置对检测点 2 的 PWM 信号进行不间断监测，当占空比有变化时，车辆控制装置根据 PWM 占空比实时调整车载充电机的输出功率，监测周期不应大于 5s。

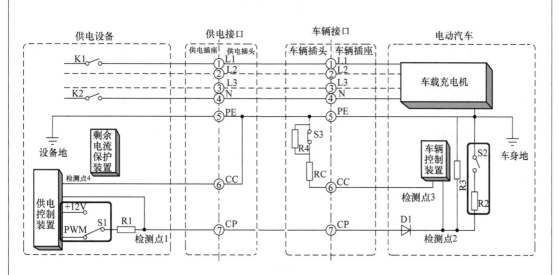

图 5-25 充电模式 3 连接方式 B 的控制导引电路原理

在充电过程中，当达到车辆设置的结束条件或者驾驶人对车辆实施了停止充电的指令时，车辆控制装置断开开关 S2，并使车载充电机处于停止充电状态。在充电过程中，当达到操作人员设置的结束条件、操作人员对供电装置实施了停止充电的指令时，供电控制装置应能将控制开关 S1 切换到 +12V 连接状态，当检测到 S2 开关断开时在 100ms 内通过断开接触器 K1 和 K2 切断交流供电回路，超过 3s 未检测到 S2 断开则可以强制带载断开接触器 K1 和 K2 切断交流供电回路。连接方式 A 或 B 时，供电接口电子锁在交流供电回路切断 100ms 后解锁。

2. 充电连接控制导引信号 CP 故障排除
（1）确认故障现象
1）插入充电枪，启动电池管理系统（BMS）。
2）打开急停开关，等待车辆控制装置自检后，确认故障现象。
（2）分析故障可能原因

分析故障可能原因
1）总正继电器指示灯不亮，总负继电器指示灯保持亮起：车辆接口（充电枪）S3 开关故障或机械锁止装置失效；充电 CAN 信号失效或断路；充电连接确认 CC 故障。
2）总正、总负继电器指示灯保持亮起，充电指示灯不亮：控制导引信号 CP 故障。

(3) 制订排故方案

制订排故方案
1) 拔下充电枪，分别测量按下与不按机械锁止装置（S3 开关）时 CC 与 PE 之间电阻，排除车辆接口（充电枪）故障或机械锁止装置失效。 2) 测量面板 J1-11 与（面板）车辆插座 CC 之间的电阻，排除充电连接确认 CC 故障。 3) 使用示波器分别检测 J1-02、CP 及 J7-02 的波形，排除控制导引信号 CP 故障。 4) 拔下充电枪，测量枪端 CP 与面板供电设备 J7-02 之间电阻，排除控制导引信号 CP 故障。

(4) 实施排故流程

断电	
按下急停开关；保持漏电保护器	
在不按和按下机械锁止装置时，分别测量 RC 或 R4 与 RC 电阻值	
测量点：枪端 CC 与 PE 触头	测量结果：_____
根据国标参数（表5-4）确认充电枪 R4 与 RC 电阻值。 结论： 1) 不按机械锁止装置时，电阻值是否约为 680Ω？ 是：排除车辆接口（充电枪）故障或机械锁止装置失效。 否：确认车辆接口（充电枪）故障或机械锁止装置失效，并提出维修建议。 2) 按机械锁止装置时，电阻值是否约为 3380Ω？ 是：排除车辆接口（充电枪）故障或机械锁止装置失效。 否：确认车辆接口（充电枪）故障或机械锁止装置失效，并提出维修建议。	
测量面板 J1-11 与（面板）车辆插座 CC 之间电阻	
测量面板 J1-11 与（面板）车辆插座 CC 之间电阻，如图 5-11 所示。	
测量点：J1-11 与车辆插座 CC	测量结果：_____
结论：是否小于 0.6Ω？ 是：排除充电连接确认 CC 故障。	

使用示波器分别检测 J1-02、CP 及 J7-02 的波形

使用示波器分别检测 J1-02、CP 及 J7-02 的波形,如图 5-26~图 5-28 所示。

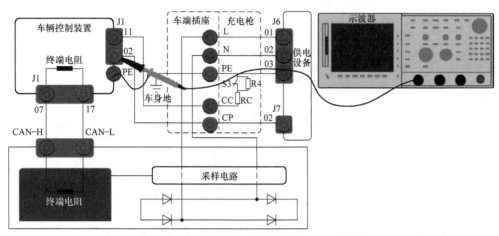

图 5-26　使用示波器分别检测 J1-02 的波形

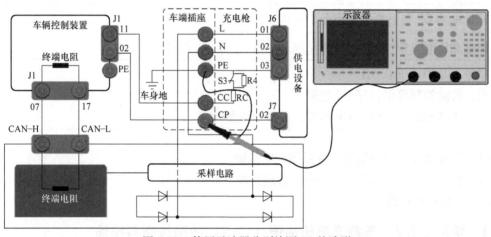

图 5-27　使用示波器分别检测 CP 的波形

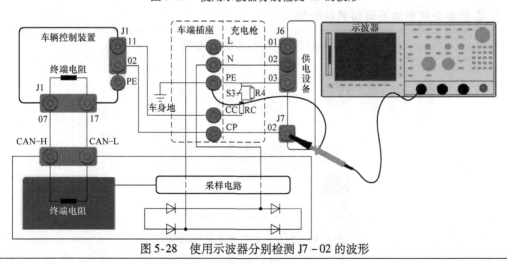

图 5-28　使用示波器分别检测 J7-02 的波形

测量点：探针接 J1-02；屏蔽地接 PE	测量结果：＿＿＿＿
测量点：探针接 CP；屏蔽地接 PE	测量结果：＿＿＿＿
测量点：探针接 J7-02；屏蔽地接 PE	测量结果：＿＿＿＿
结论：是否符合 CP 标准波形，如图 5-29 所示。	

| 检测点1 | 充电桩 | 12V | 9V | 9V PWM | 6V PWM | 9V PWM | 9V | 12V |
| 检测点2 | 车辆 | | 9V | 9V PWM | 6V PWM | 9V PWM | 9V | |

图 5-29　CP 标准波形

是：排除充电控制导引 CP 故障。
否：确认充电控制导引 CP 故障。

测量枪端 CP 与面板供电设备 J7-02 之间电阻		
测量枪端 CP 与面板供电设备 J7-02 之间电阻，如图 5-10 所示。		
测量点：枪端 CP 触头与供电设备 J7-02		测量结果：＿＿＿＿
结论：是否小于 0.6Ω？ 是：排除控制导引信号 CP 故障。 否：确认控制导引信号 CP 故障，并提出维修建议。		

（5）清除故障　使用故障设置系统清除故障。
（6）验证　插入充电枪，启动电池管理系统（BMS），打开急停开关，等待车辆控制装置自检后，确认故障排除。

5.1.4　学习任务3　车载充电机通信（CAN）故障诊断与排除

1. 车载充电机充电及网络系统构架

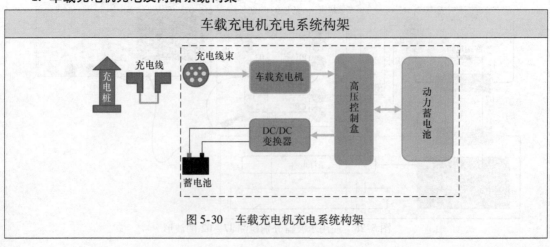

图 5-30　车载充电机充电系统构架

1）纯电动汽车充电系统包括：车载充电机、充电接口及相关线束，如图 5-30 所示。

2）车载充电机：将交流电转换为高压直流电给动力蓄电池进行充电，保证车辆正常行驶。

3）充电接口：充电桩与车辆对接的唯一接口。

4）主要相关线束包括：高压线束、充电线束、通信和低压线束。

车载充电机通信网络构架

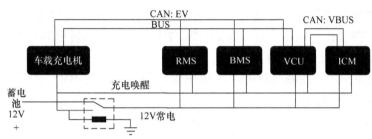

图 5-31　车载充电机通信网络构架

1）具有为电动汽车动力蓄电池，安全、自动充满电的能力。图 5-31 所示为车载充电机通信网络构架。车载充电机依据电池管理系统（BMS）提供的数据，能动态调节充电电流或电压参数，执行相应的动作，完成充电过程。

2）具备高速 CAN 网络与 BMS 通信的功能。判断电池连接状态是否正确；获得电池系统参数及充电前和充电过程中整组和单体蓄电池的实时数据。

3）可通过高速 CAN 网络与车辆监控系统通信，上传充电机的工作状态、工作参数和故障警告信息，接受启动充电或停止充电控制命令。

2. 车载充电机结构组成及工作原理

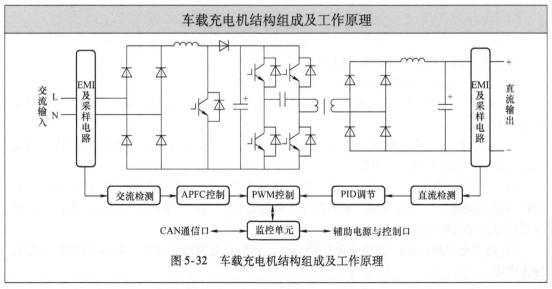

图 5-32　车载充电机结构组成及工作原理

1）车载充电机主要功能是将交流 220V 市电转换为高压直流电给动力蓄电池进行充电，其结构组成及工作原理如图 5-32 所示。

2）同时车载充电机提供相应的保护功能，包括过电压、欠电压、过电流、欠电流等多种保护措施，当充电系统出现异常时会及时切断供电。

3）车载充电机同时将内部故障信息通过 CAN 发送至网络，可以通过诊断仪或 CAN 卡读出相应的数据。

4）充电机内部分为三部分，主电路、控制电路、线束及标准件。

5）主电路分为两部分：前端将交流电转换为恒定电压的直流电，主要是全桥电路 +PFC（功率因数校正）电路。后端为 DC/DC 变换器，将前端转出的直流高压电变换为适合的电压及电流供给动力蓄电池。

6）控制电路作用：控制 MOSFET（功率管）的开关，与 BMS 通信，监控充电机状态，与充电桩通信等功能。

7）线束及标准件：用于主电路及控制电路的连接，固定元器件及电路板。

车载充电机工作流程		
车载充电机	动力蓄电池及BMS	VCU、仪表及数据采集终端
220V上电	待机	待机
12V低压供电并等待指令	唤醒	
接收指令并执行加热流程	BMS检测电池状态并发送加热指令	
接收指令并停止工作	BMS监控电池温度并发送停止指令	唤醒
接收指令并执行充电流程	BMS待充电机反馈后发送充电指令	
接收指令并停止工作	BMS监控电池状态并发送完成指令	
完成后1min控制充电桩结算	待机	待机

图 5-33　车载充电机工作流程

车载充电机工作流程如图 5-33 所示。

1）交流上电（打开漏电保护器），控制电路自检。

2）检测 CC 与地之间的电阻及 CP 信号占空比，确定输入端允许最大功率，控制最大输出电流。

3）等待 BMS 指令，根据 BMS 给出的指令进行加热操作（如果温度低于阈值）或发送充电指令，直接跳到充电步骤。

4）若加热，待加热完成后，BMS 发送停止加热指令，充电机相应停止加热，然后 BMS 发送充电指令，充电机执行充电指令，输出电流不超过 BMS 给出的最大电流及控制导引信号给出的最大电流。

5）待充电完成，BMS 发送充电完成指令，然后充电机停止工作，1min 后控制充电机停止供电。

3. 车载充电机通信（CAN）故障排除

（1）确认故障现象

1）插入充电枪，启动电池管理系统（BMS）。

2）打开急停开关，等待车辆控制装置自检后，确认故障现象。

（2）分析故障可能原因

分析故障可能原因
1）总正、总负继电器指示灯保持亮起，充电指示灯不亮：控制导引信号 CP 故障。 2）总正继电器指示灯不亮，总负继电器指示灯保持亮起：车辆接口（充电枪）S3 开关故障或机械锁止装置失效；充电连接确认 CC 故障；充电 CAN 信号断路或乱序。

（3）制订排故方案

制订排故方案
1）拔下充电枪，分别测量按下与不按机械锁止装置（S3 开关）时 CC 与 PE 之间的电阻，排除车辆接口（充电枪）故障或机械锁止装置失效。 2）测量面板 J1 - 11 与（面板）车辆插座 CC 之间的电阻，排除充电连接确认 CC 故障。 3）拔下充电枪，测量枪端 CP 与面板供电设备 J7 - 02 之间的电阻，排除控制导引信号 CP 故障。 4）断开所有供电，分别测量 CAN - H/CAN - L 或 J1 - 07/J1 - 17 之间的电阻；测量 J1 - 07/CAN - H 之间的电阻；测量 J1 - 17/CAN - L 之间的电阻。

（4）实施排故流程

断电	
按下急停开关；保持漏电保护器。	
在不按和按下机械锁止装置时，分别测量 RC 或 R4 与 RC 电阻值	
测量点：枪端 CC 与 PE 触头	测量结果：_____
根据国标参数确认充电枪 R4 与 RC 电阻值： 结论： 1）不按机械锁止装置时，电阻值是否约为 680Ω？ 是：排除车辆接口（充电枪）故障或机械锁止装置失效。 否：确认车辆接口（充电枪）故障或机械锁止装置失效，并提出维修建议。 2）按机械锁止装置时，电阻值是否约为 3380Ω？ 是：排除车辆接口（充电枪）故障或机械锁止装置失效。 否：确认车辆接口（充电枪）故障或机械锁止装置失效，并提出维修建议。	

测量面板 J1-11 与（面板）车辆插座 CC 之间的电阻	
测量点：J1-11 与车辆插座 CC	测量结果：＿＿＿＿

结论：是否小于 0.6Ω？
是：排除充电连接确认 CC 故障。

测量枪端 CP 与面板供电设备 J7-02 之间的电阻	
测量点：枪端 CP 触头与供电设备 J7-02	测量结果：＿＿＿＿

结论：是否小于 0.6Ω？
是：排除控制导引信号 CP 故障。
否：确认控制导引信号 CP 故障，并提出维修建议。

测量 CAN-H 与 CAN-L 或 J1-07 与 J1-17 之间的电阻

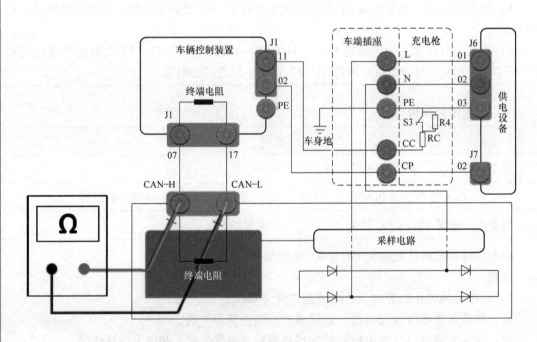

图 5-34　测量 CAN-H 与 CAN-L 之间的电阻

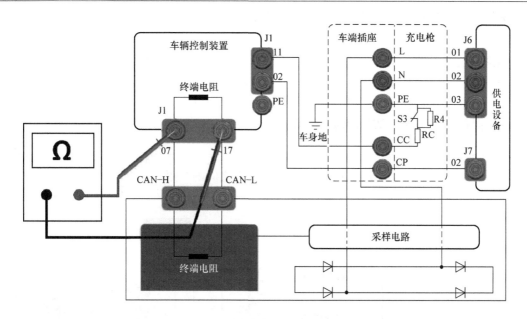

图 5-35　测量 J1-07 与 J1-17 之间的电阻

测量点：CAN-H 与 CAN-L，如图 5-34 所示	测量结果：_____
测量点：J1-07 与 J1-17，如图 5-35 所示	测量结果：_____

结论：是否约为 120Ω（±3Ω）？
是：排除终端电阻故障或断线故障。
否：确认终端电阻故障或断线故障，并进行下一步。

测量 CAN-H 与 J1-07 之间的电阻

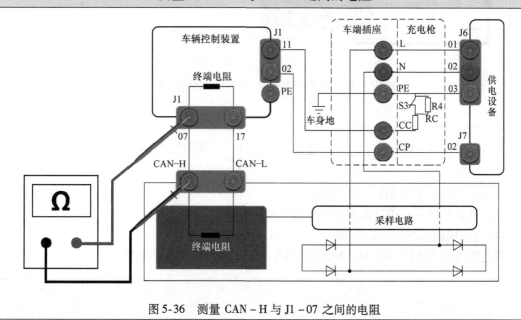

图 5-36　测量 CAN-H 与 J1-07 之间的电阻

| 测量点：CAN-H 与 J1-07，如图 5-36 所示 | 测量结果：_____ |

结论：是否小于 0.6Ω（±0.1Ω）？

是：排除 CAN-H 信号断线故障或信号乱序故障。

否：若电阻值大于 4kΩ，则确认 CAN-H 信号断线故障。

若电阻值约为 116~120Ω，则测量 CAN-H 与 J1-17 之间的电阻。

| 测量 CAN-L 与 J1-17 之间的电阻 |

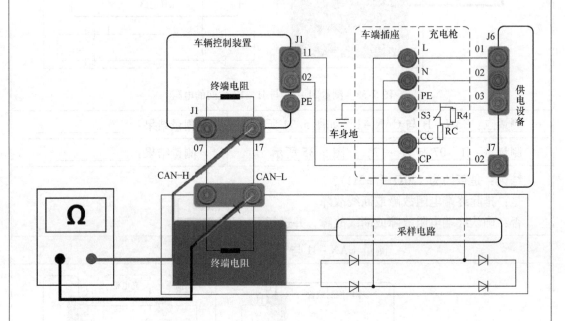

图 5-37　测量 CAN-L 与 J1-17 之间的电阻

| 测量点：CAN-L 与 J1-17，如图 5-37 所示 | 测量结果：_____ |

结论：是否小于 0.6Ω（±0.1Ω）？

是：排除 CAN-L 信号断线故障或信号乱序故障。

否：若电阻值大于 4kΩ，则确认 CAN-L 信号断线故障。

若电阻值约为 116~120Ω，则测量 CAN-L 与 J1-07 之间的电阻。

测量 CAN-H 与 J1-17 之间的电阻

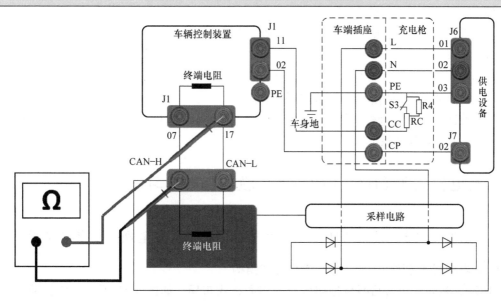

图 5-38　测量 CAN-H 与 J1-17 之间电阻

测量点：CAN-H 与 J1-17，如图 5-38 所示	测量结果：

结论：是否小于 0.6Ω（$\pm 0.1\Omega$）？

是：确认 CAN 信号乱序故障，并提出维修建议。

否：若电阻值大于 $4k\Omega$，则测量 CAN-H 与 J1-07 之间的电阻。

若电阻值约为 $116 \sim 120\Omega$，则排除 CAN 信号乱序故障。

测量 CAN-L 与 J1-07 之间的电阻

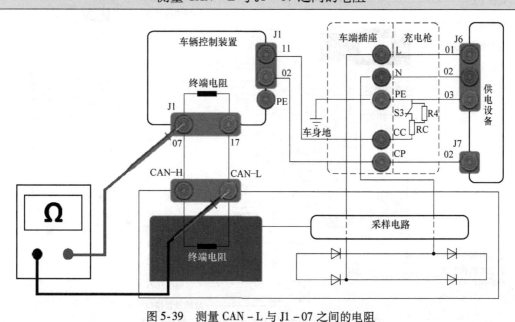

图 5-39　测量 CAN-L 与 J1-07 之间的电阻

测量点:J1-07与CAN-L	测量结果:_____

结论:是否小于 0.6Ω(±0.1Ω)?
是:确认 CAN 信号乱序故障,并提出维修建议。
否:若电阻值大于 4kΩ,则测量 CAN-L 与 J1-17 之间的电阻。
若电阻值约为 116~120Ω,则排除 CAN 信号乱序故障。

(5)清除故障 使用故障设置系统清除故障。

(6)验证 插入充电枪,启动电池管理系统(BMS),打开急停开关,等待车辆控制装置自检后,确认故障排除。

5.2 充电模式3(HZ-CHG-3)教学台架学习任务

5.2.1 充电模式3(HZ-CHG-3)教学台架结构、安全规范及操作流程

1. 充电模式3(HZ-CHG-3)教学台架结构

CHG-3 教学台架为铝型材框架版,采用面板式布局,如图 5-40 所示,学生通过观察与操作可了解充电系统的原理和组成。该设备采用 GB/T 18487.1—2015《电动汽车传导充电系统 第1部分:通用要求》中的充电模式3连接方式C控制导引电路。该电路由供电控制装置(充电桩智能控制器)、接触器 K1 和 K2(主接触器)、电阻 R1、R2、R3、R4、RC、二极管 VD1、开关 S1、S2、S3、车载充电机和车辆控制装置组成(其中车载充电机和车辆控制装置为车端部分)。该设备符合 IEC61010-1 及 CATIII600V 专用可插拔接口要求。CHG-3 能够满足新国标系列中的电动汽车的充电需求,参考车型为 EV150、EV160、EV200 及 EX200。该台架系统配置、功能及可实现的教学内容见表 5-8。

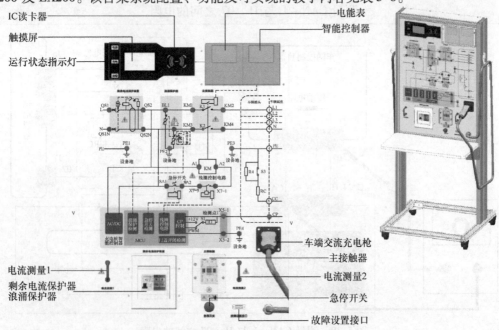

图 5-40 充电模式3(HZ-CHG-3)教学台架

充电桩主回路包括输入剩余电流保护器、输出控制接触器和充电接口插接器；二次回路包括"启停"控制继电器、"急停"按钮、运行状态指示灯、充电桩智能控制器、读卡器，其中 IC 读卡器统称为用户终端设备（UT）。主电路输入剩余电流保护器具备断路、过载、短路和漏电保护功能；输出接触器控制电源的通断；充电枪提供与电动汽车连接的充电接口，具备锁紧装置和防误操作功能。二次电路提供"启停"控制与"急停"操作；信号灯提供"电源""充电"与"故障"状态指示；用户终端则提供刷卡身份认证。

表 5-8 充电模式 3（HZ – CHG – 3）教学台架系统配置、功能及可实现教学内容

序号	项目	内容
1	系统配置	内置最新国标模式 3 交流充电智能控制器 内置交流充电计量系统 最新国标模式 3 交流充电插头 剩余电流保护器及防浪涌保护器 LED 运行状态指示灯、触摸屏和射频读卡器 急停开关、绝缘测量口（带高低压隔离防护） 手持故障设置模块
2	系统功能	基于最新国标交流充电模式 3 充电系统，为北汽电动汽车真实充电 通过实际操作体验交流充电桩及充电枪使用流程 通过漏电保护器防护充电系统的漏电、过载及短路 通过防浪涌保护器防止感应雷、操作过电压 通过射频读卡器，支持 IC 卡刷卡认证身份 通过急停开关可快速手动停止充电系统工作 充电状态显示：通过 LED 指示灯实时显示充电状态，为故障排除提供更多参考依据 提供多组不同的测量点，可针对交流充电桩静态与动态信号测量有效真实数据 使用专用仪器真实验证交流充电桩绝缘性及高压安全防护 通过手持故障设置触屏模块选择并进行故障设置 可记忆故障、读取故障、分步清除故障和一键清除故障
3	教学内容	交流充电桩的安装、使用与维护 交流充电桩结构组成 交流充电桩工作原理 充电系统故障检测与排除

2. 安全标识及规范

（1）安全标识

安全标识及规范见表 5-9。

表 5-9 安全标识及规范

标识图形	释义	描述
	高压警告/电击危险标识	由于没有按照要求操作造成的危险，可能会导致火灾、人身严重伤害，甚至死亡

(续)

标识图形	释义	描述
	注意标识	由于没有按要求操作造成的危险，可能会导致人身中等程度的伤害或轻伤，以及发生系统损坏
	触碰导电部件警示	
	请参照用户手册	
	触电危险警告/通电状态下严禁拔插线	

(2) 安全规范

1）操作开始前，阅读所有操作说明，并确认自己具备相应的工具更换或修理零组件，以及安全、全面地执行该任务所要求的技能。

2）必要时，使用其他的防护物品，例如，绝缘手套或安全鞋。处理热的或锋利零组件可能会造成严重烧伤或割伤。在需要手握有可能使自己受伤的任何零组件之前，应戴上手套。

3）在开始实施任何操作步骤前，除非说明中规定应在设备运行的状态下进行，否则一定要将设备关闭。

5.2.2 学习任务1 交流充电桩的使用与维护

1. 熟悉使用充电桩并完成充电

（1）交流充电桩电气原理

交流充电桩电气原理
1）充电桩主回路包括：输入剩余电流保护器、输出控制接触器和充电接口插接器。 2）二次回路包括："启停"控制继电器、"急停"按钮、运行状态指示灯、充电桩智能控制器、读卡器，其中IC读卡器统称为用户终端设备（UT）。 3）主电路输入剩余电流保护器具备断路、过载、短路和漏电保护功能。 4）输出接触器控制电源的通断。 5）充电枪提供与电动汽车连接的充电接口，具备锁紧装置和防误操作功能。 6）二次电路提供"启停"控制与"急停"操作；信号灯提供"电源"、"充电"与"故障"状态指示；用户终端则提供刷卡身份认证。

（2）人机操作流程

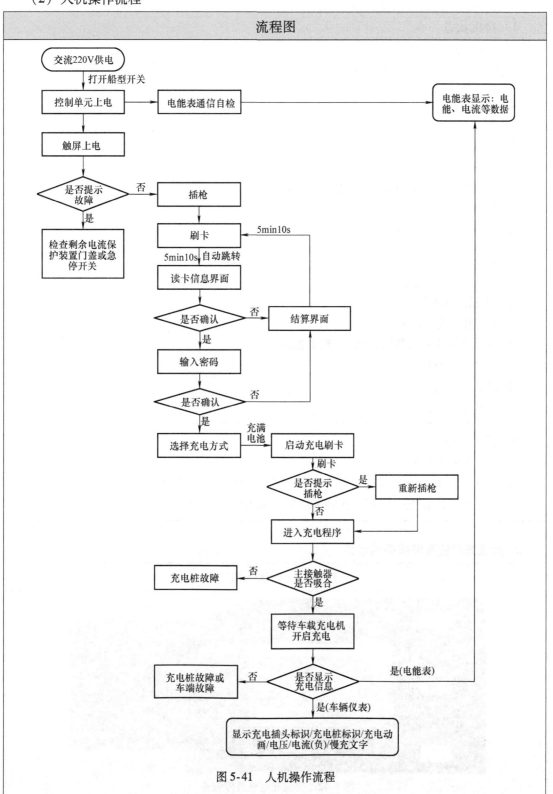

图 5-41　人机操作流程

人机操作流程如图 5-41 所示。

1）待机状态

此时设备状态描述：

① 充电桩上电后，自动检查外部设备通信状况和交流电源输入。

② 若正常则"电源"灯为绿色常亮。

③ 若出现故障，则"故障"灯为红色闪烁。

2）启动充电

此时设备状态描述：

① 将电动汽车正确连接到充电桩充电插座。

② 在充电桩刷卡区刷卡。

③ 充电桩开始启动充电。

3）正在充电

此时设备状态描述：

充电时充电灯闪烁。

此时车辆仪表状态描述：

① 显示图标为：充电插头图标/充电桩图标。

② 显示续驶里程为：_____。

③ 显示电压为：_____。

④ 显示电流为：_____。

4）结束充电

此时设备状态描述：

① 当电动汽车电池充满，充电桩会自动停止充电，此时充电桩处于充电结束状态。

② 用户主动停止充电，则需在刷卡区再次刷卡结束充电。

2. 交流充电桩暂停服务的维护

充电指示灯状态描述

图 5-42　交流充电桩暂停服务

1）"电源"指示灯是否红色常亮？
① 是：正常待机，提供充电服务。
② 否：智能控制器故障或交流供电故障。
2）"充电"是否为绿色闪烁？
① 是：正在充电，严禁拔电缆插头。
② 否：表示未开启充电或充电结束。
3）"故障"是否为黄色闪烁？
① 是：暂停服务，显示有故障。
② 否：设备正常。

确认故障

在"暂停服务"页点击下一页，如图5-42所示。

图 5-43　故障显示

如图 5-43 所示，显示故障为：
① _____；
② _____。

故障排除

1）急停开关是否常闭？
① 是：排除急停故障，可能为智能控制器或反馈信号线路故障。
② 否：手动旋转急停旋钮，使其为常闭。
2）门盖是否关闭？
① 是：排除门盖开关故障，可能为智能控制器或反馈信号线路故障。
② 否：手动关闭剩余电流保护器门盖，使其为常闭。

5.2.3 学习任务2 交流充电桩的结构组成

1. 交流充电桩结构组成及功能

交流充电桩结构组成	
部件名称	基本功能/作用
IC 读卡器	应用射频原理完成读卡功能，支持 IC 卡刷卡认证身份
触摸屏	显示读卡信息；输入人机操作命令；显示当前充电信息；显示故障信息；显示充电费用
运行状态指示灯	提示"电源""充电""故障"三类设备工作状态
电流测量1	检测剩余电流保护器电源侧电流
剩余电流保护器	包括空开和漏电保护器；充电桩交流供电开关；输出侧的过载保护、短路保护和漏电保护
浪涌保护器	防感应雷、防操作过电压的保护功能
剩余电流保护装置门盖（简称门盖）	通过信号反馈到智能控制器，输出控制主接触器切断；当门盖打开时，故障指示灯亮起，触屏提示故障
电能表	采用 2.0 等级的多功能单相表作为充电计量；采集电流和电压计算电能值；使用 RS485 与智能控制器通信
智能控制器	充电桩控制核心；实现人机交互、充电控制、电能计量、IC 卡付费、票据打印、运行状态监测、充电保护和充电信息存储和上传等功能
车端交流充电枪	车辆插头，车辆接口中和充电线缆连接且可以移动的部分。对应于 GB/T 11918.1—2014 中的插接器
主接触器	通过智能控制器控制交流电通断；通过开盖检测信号反馈故障设置系统，控制台架交流供电切断；当门盖打开时，台架自动被切断，充电桩不上电
电流测量2	检测车端交流充电枪侧电流
急停开关	快速切断输出电源；通过检测信号反馈智能控制器；当切断时，故障指示灯亮起，触屏提示故障

2. 各部件工作原理

（1）剩余电流保护器工作原理

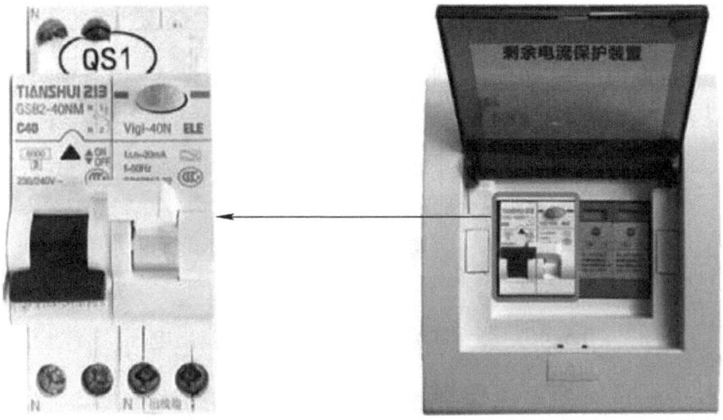

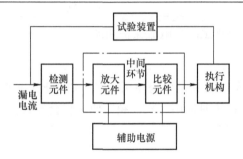

图 5-44　剩余电流保护器外观

图 5-45　剩余电流保护器工作原理

剩余电流保护器外观如图 5-44 所示，工作原理如图 5-45 所示。

① 检测元件。它是一个零序电流互感器。被保护主电路的相线和中性线穿过环形铁心构成了互感器的一次线圈 N1，均匀缠绕在环形铁心上的绕组构成了互感器的二次线圈 N2。检测元件的作用是将漏电电流信号转换为电压或功率信号输出给中间环节。

② 中间环节。其功能是对检测到的漏电信号进行处理。中间环节通常包括放大器、比较器、脱扣器（或继电器）等。不同形式的漏电保护装置在中间环节的具体构成上形式各异。

③ 执行机构。该机构用于接收中间环节的指令信号，实施动作，自动切断故障处的电源。执行机构多为带有分励脱扣器的自动开关或交流接触器。

④ 辅助电源。当中间环节为电子式时，辅助电源的作用是提供电子电路工作所需的低压电源。

⑤ 试验装置。这是对运行中的漏电保护装置进行定期检查时所使用的装置。通常是用一只限流电阻和检查按钮相串联的支路来模拟漏电的路径，以检验装置能否正常动作。

测量输入输出电压
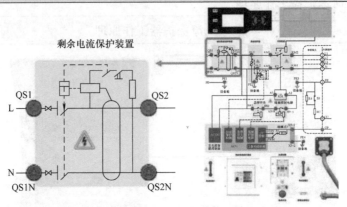
图 5-46　测量剩余电流保护器输入输出电压

如图 5-46 所示，测量剩余电流保护器输入输出电压。

输入测量点：_____	测量结果：_____
输出测量点：_____	测量结果：_____

使用"T"（Test）按钮测试剩余电流保护功能

重要安全性信息

 【警告】请勿频繁使用"T"按钮断开电路，"T"按钮仅适用于每个月使用一次，频繁使用将会导致保护失效。

按下橘红色"T"按钮

输入测量点：_____	测量结果：_____
输出测量点：_____	测量结果：_____

（2）浪涌保护器工作原理

浪涌保护器工作原理

图 5-47　浪涌保护器外观

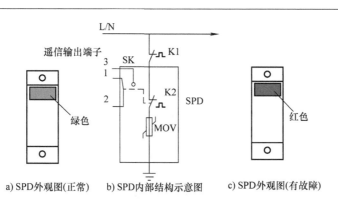

图 5-48 浪涌保护器工作原理
K1—断路器或熔断器 K2—过流保护器
SK—遥信警告开关 MOV—压敏电阻

1）图 5-47 和图 5-48 所示为浪涌保护器及其工作原理，在正常工作电压情况下，压敏电阻（MOV）处于高阻状态，相当于对地开路，不影响线路正常工作。故障显示窗口呈绿色。

2）当线路感应过大雷电流时，过流保护器（K2）迅速断开，保护电源电路工作不受影响。K2 工作后，SPD 内脱扣装置动作，故障窗口显示红色，提醒用户更换 SPD 模块；同时，脱扣装置带动遥信警告开关（SK）动作，输出故障警告信号。

3）当线路由于雷电或开关操作出现瞬时脉冲过电压时，防雷模块在纳秒级时间内迅速导通，将过电压能量泄放到大地，当脉冲过电压消失后，防雷模块又自动恢复高阻状态，不影响供电。

分别测量浪涌保护器相线、零线对地电压

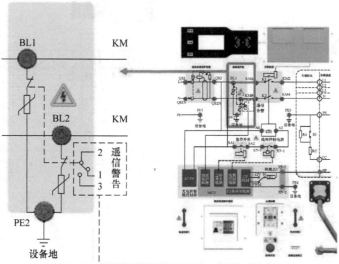

图 5-49 测量浪涌保护器相线、零线对地电压

如图 5-49 所示，测量浪涌保护器相线、零线对地电压。

相线对地测量点：_____	测量结果：_____
零线对地测量点：_____	测量结果：_____

（3）主接触器工作原理

主接触器工作原理
 图 5-50　主接触器
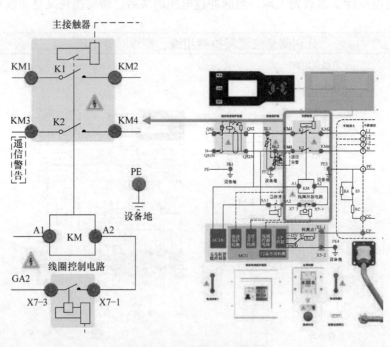 图 5-51　主接触器工作原理

1）主接触器如图 5-50 所示，其工作原理如图 5-51 所示。当接触器线圈（KM）通电后，线圈电流会产生磁场，产生的磁场使静铁心产生电磁吸力吸引动铁心，并带动交流接触器触点（K1、K2）和辅助触点动作，常闭触点断开，常开触点闭合，两者是联动的。当线圈断电时，电磁吸力消失，衔铁在释放弹簧的作用下释放，使触点复原，常开触点断开，常闭触点闭合。直流接触器的工作原理跟温度开关的原理有点相似。

2）辅助触点与主触点（K1、K2）联动，作为主触点动作信号监测，反馈给智能控制器。智能控制器通过信号灯显示出主接触器工作状态。

3）主接触器线圈（KM）的通电由智能控制器通过线圈控制电路控制。

测量线圈、输入及输出电压

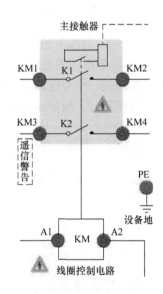

图 5-52　测量线圈、输入及输出电压

如图 5-52 所示，测量线圈、输入及输出电压。

线圈测量点：_____	测量结果：_____
输入测量点：_____	测量结果：_____
输出测量点：_____	测量结果：_____

（4）急停开关工作原理

急停开关工作原理

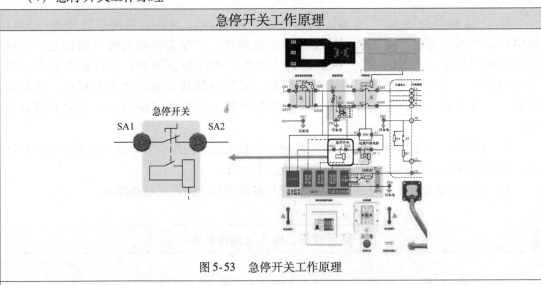

图 5-53　急停开关工作原理

1）急停开关工作原理如图 5-53 所示。当按下急停开关旋钮时，联动处于常闭状态的开关动作，使其快速切断联通电路；本设备断开的电路为主接触器线圈电路。

2）当开关动作时，联动信号反馈开关、信号反馈开关分为常开或常闭。

3）检测信号反馈智能控制器，当切断时，故障指示灯亮起，触屏提示故障。

测量输入和输出电压

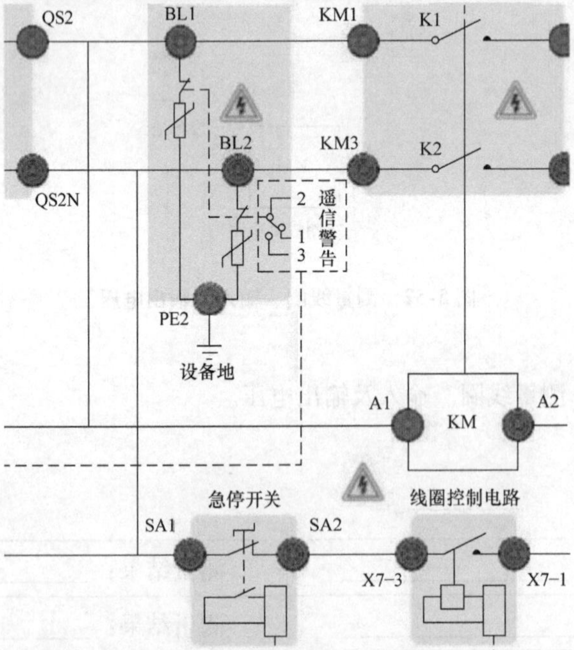

图 5-54　测量输入和输出电压

如图 5-54 所示，测量输入和输出电压。

输入测量点：_____	测量结果：_____
输出测量点：_____	测量结果：_____

(5) 电能表工作原理

电能表工作原理
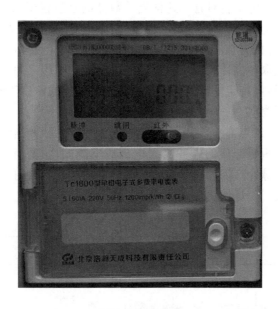 图 5-55　电能表
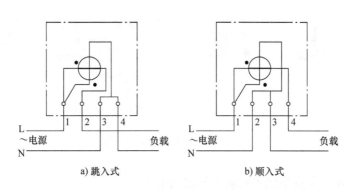 　　a) 跳入式　　　　　　　b) 顺入式 图 5-56　单相电能表的接线

1）电能表如图 5-55 所示，单相电能表的接线如图 5-56 所示。智能电表的技术核心是对感应式机械电度表的机械计数器直读并远传。它由以光电器件为核心的编码器和以单片机为核心的处理器两部分组成。

2）编码器就是对原有的机械计数器进行改造，加装光电编码装置。它由底板和垂直插板构成，计数器的字鼓上开有两个不同形状的透光孔，在立板的电路上焊有对称分布放置的发射及接收微封装光电耦合对管。这样当计数器的字鼓置于两个立片之间时，就能根据发射接收对管和字鼓上透光孔相对位置的变化编制出不同的二进制码。

3）处理器由以单片机为核心的电路构成。CPU 通过串行接口收到的远端上位机下发的读表命令后，逐位读取各位计数器字鼓对应的接收管的电压（每个字鼓有五对发射接收对管），据电压的不同按照特定的编码原则，把每个字鼓上的窗口值转换成相应的 BCD 码，并通过 RS-485 送出读数值。

4）智能电表上的小红点有个专用名词，叫做脉冲灯。脉冲通常是指电子技术中经常运用的一种像脉搏似的短暂起伏的电冲击（电压或电流），主要特性有波形、幅度、宽度和重复频率。智能电表脉冲灯闪烁表示该电表客户在用电，脉冲灯闪烁频率随用电负荷大小变化，用电负荷越大，闪烁越快。

测量输入和输出电流

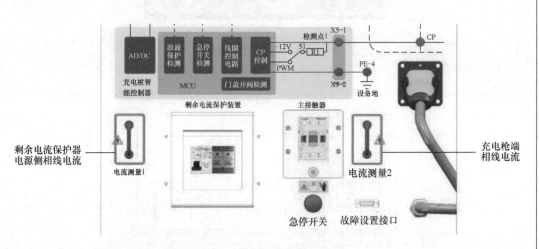

图 5-57　测量输入和输出电流

如图 5-57 所示，测量电能表的输入和输出电流。

输入测量点：_____	测量结果：_____
输出测量点：_____	测量结果：_____

5.2.4 学习任务3 交流充电桩工作原理

1. 交流充电桩端 CP 波形

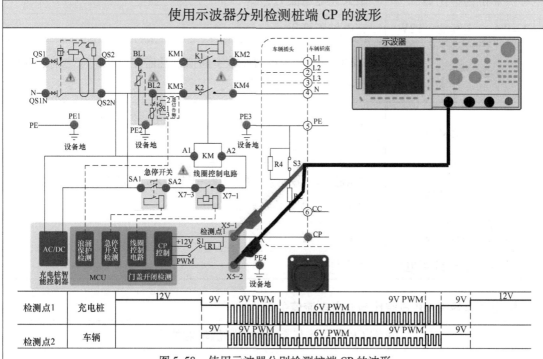

图 5-58 使用示波器分别检测桩端 CP 的波形

如图 5-58 所示，使用示波器分别检测桩端 CP 的波形。

测量点：_____　　　　　　　测量结果，填入下表

充电过程状态	充电连接装置是否连接	S2	车辆是否可以充电	检测点1峰值电压（稳定后测量）/V	说明
状态1	否	断开	否		车辆接口未完全连接，检测点2的电压为0
状态2	是	断开	否		S1切换至与PWM连接状态，R3被检测到
状态3	是	闭合	是		车辆充电机及供电设备处于正常工作状态

2. 交流充电桩端 CP 占空比与充电电流值关系

桩端 CP 占空比与充电电流限值映射关系	
PWM 占空比 D	最大充电电流 I_{max}/A
$D=0\%$，连续的 $-12V$	充电桩不可用
$D=5\%$	5% 的占空比表示需要数字通信，且需在电能供应之前在充电桩和电动汽车间建立通信
$10\% \leq D \leq 85\%$	根据公式：$I_{max} = D \times 100 \times 0.6$ 计算最大充电电流：$I_{max} = $ _____
$85\% < D \leq 90\%$	根据公式：$I_{max} = (D \times 100 - 64) \times 2.5$ 且 $I_{max} \leq 63$ 计算最大充电电流：$I_{max} = $ _____
$90\% < D \leq 97\%$	预留
$D=100\%$，连续正电压	不允许

3. 电动车辆端 CP 占空比与充电电流值关系

车端 CP 占空比与充电电流限值映射关系	
PWM 占空比 D	最大充电电流 I_{max}/A
$D<3\%$	不允许充电
$3\% \leq D \leq 7\%$	5% 的占空比表示需要数字通信，且需在电能供应之前在充电桩和电动汽车间建立通信
$7\% < D < 8\%$	不允许充电
$8\% \leq D < 10\%$	$I_{max} = 6$
$10\% \leq D \leq 85\%$	根据公式：$I_{max} = D \times 100 \times 0.6$ 计算最大充电电流：$I_{max} = $ _____
$85\% < D \leq 90\%$	根据公式：$I_{max} = (D \times 100 - 64) \times 2.5$ 且 $I_{max} \leq 63$ 计算最大充电电流：$I_{max} = $ _____
$90\% < D \leq 97\%$	预留
$D>97\%$	不允许

4. 交流充电桩端 CP 电压有效值

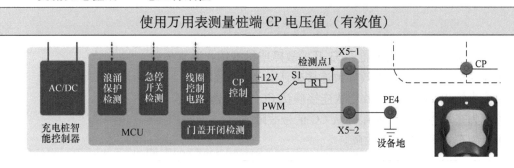

图 5-59 使用万用表测量桩端 CP 电压值（有效值）

如图 5-59 所示，使用万用表测量桩端 CP 电压值。

测量点：			测量结果，填入下表		
充电过程状态	充电连接装置是否连接	S2	车辆是否可以充电	检测点1峰值电压（稳定后测量）/V	说明
状态1	否	断开	否		车辆接口未完全连接，检测点2的电压为0V
状态2	是	断开	否		S1 切换至与 PWM 连接状态，R3 被检测到
状态3	是	闭合	是		车辆充电机及供电设备处于正常工作状态

5.2.5 学习任务4 交流充电桩枪端故障检测与排除

1. 确认故障现象

此时设备状态描述
1）智能控制器指示灯绿灯闪烁。 2）电能表显示正常状态。 3）人机交互（刷卡及触屏）正常使用。 4）刷卡启动桩端充电后，主接触未吸合，查看车辆仪表未显示充电插头标识。

2. 分析故障可能原因

分析故障可能原因
可能为车辆接口（充电枪）S3 开关故障或机械锁止装置失效。 可能为枪内 RC 电阻失效导致连接确认 CC 信号故障。 可能为枪内 PE 线路失效导致连接确认 CC 信号故障。 可能为车端控制导引连接确认 CC 信号故障。 可能为车端 PE 线线路故障。

3. 制订排故方案

制订排故方案
1）拔下充电枪，使用随车配的充电宝进行一次充电，查看车辆充电状态是否正常，同时排除车端控制导引连接确认 CC 信号故障与车端 PE 线路故障。 2）分别测量按下与不按机械锁止装置（S3 开关）时 CC 与 PE 之间的电阻，排除机械锁止装置失效或枪内 RC 电阻失效或 PE 线路失效。

4. 实施排故流程

断电
打开剩余电流保护装置门盖，扳下剩余电流保护器蓝色拨杆。

在不按和按下机械锁止装置时，分别测量 RC 或 R4 电阻值	
测量点：<u>枪端 CC、PE 触头</u>	测量结果：_____ 测量结果：_____

根据国标参数确认充电枪 R4 与 RC 电阻值：

结论：
1）不按机械锁止装置时，是否有电阻？
是：排除枪内 PE 线路失效，进行下一步。
否：电阻无穷大时，确认枪内 PE 线路断路，并提出维修建议。
2）不按机械锁止装置时，电阻值是否约为 220Ω？
是：排除枪内 RC 电阻失效，进行下一步。
否：电阻小于 0.6Ω 时，确认枪内 RC 电阻短路，并提出维修建议。
3）按机械锁止装置时，电阻值是否约为 3.52kΩ？
是：排除车辆接口（充电枪）故障或机械锁止装置失效。
否：确认车辆接口（充电枪）故障或机械锁止装置失效，并提出维修建议。

5. 清除故障

确认故障后,拆枪查看内部电路,找到故障点并进行维修。

5.2.6 学习任务5 交流充电桩绝缘故障检测与排除

1. 交流充电桩绝缘电阻

绝缘电阻
在供电设备非电气连接的各带电回路之间、各独立带电回路与地(金属外壳)之间按表5-10规定施加直流电压,绝缘电阻应不小于10MΩ。

绝缘试验的试验电压

表5-10 绝缘试验的试验电压

额定绝缘电压 U_1/V	绝缘电阻测试仪器/V	介电强度试验电压/V	冲击耐压试验电压/kV
$U_1 \leq 60$	250	1000 (1400)	1
$60 < U_1 \leq 300$	500	2000 (2800)	±2.5
$300 < U_1 \leq 700$	1000	2400 (3360)	±6
$700 < U_1 \leq 950$	1000	$2U_1 + 1000$ ($2.8U_1 + 1400$)	±6

注:1. 括号内数据为直流介电强度试验值。
  2. 出厂试验时,介电强度试验允许试验电压高于表中规定值的10%,试验时间1s。

计算最小允许的绝缘电阻
动力系统的测量阶段最小瞬间绝缘电阻为500Ω/V。各整车厂开发的纯电动车辆,则根据各自设定的电压等级来确定动力系统的绝缘电阻报警阈值。在进行手动测量时,为确保准确,需要先获知动力蓄电池的开路电压。根据电压来计算出安全的绝缘电阻数值。 1) 设备动力系统开路电压为53V,按照最小允许绝缘电阻不低于500Ω/V进行计算: $$53V \times 500\Omega/V = 24000\Omega$$ 2) 手动测量的绝缘电阻数值不得低于24000Ω。 3) 绝缘测试仪使用档位:100V(更多档位可选择50~60V)。

2. 交流充电桩绝缘检测与故障排除

(1) 确认故障现象

此时设备状态描述
剩余电流保护器不吸合,充电桩不上电。

(2) 分析故障可能原因

分析故障可能原因
1) 可能为交流电源侧电路绝缘性下降或短路。 2) 可能为充电枪及线束绝缘性下降或短路。 3) 可能为车端插座及线束绝缘性下降或短路。

(3) 制订排故方案

制订排故方案
1) 刷卡之前闭合剩余电流保护器,排除交流电源侧电路绝缘性下降或短路。 2) 测量充电枪及其线束的绝缘电阻,排除充电枪及线束绝缘性下降或短路。 3) 测量车端插座及其线束绝缘电阻,排除车端插座及线束绝缘性下降或短路。

(4) 实施排故流程

交流充电桩断电
1) 打开剩余电流保护装置门盖,扳下剩余电流保护器蓝色拨杆。 2) 使用内六角工具拆除面板主接触器透明盖,取下之后台架不再供电。

计算最小允许的绝缘电阻
1) 在进行手动测量时,为确保准确,需要先获知动力蓄电池的开路电压。根据电压来计算出安全的绝缘电阻数值。 2) 设备开路电压按 250V 计算,按照最小允许绝缘电阻不低于 500Ω/V 进行计算: $$250V \times 500\Omega/V = 125000\Omega$$ 3) 手动测量的绝缘电阻数值不得低于 125000Ω。 4) 查看国标规定的绝缘测试仪使用电压档位:500V。

穿戴绝缘防护
【警告】在进行绝缘测量或高压检测流程时请务必穿戴绝缘手套等绝缘防护套装,如图 5-60 所示。

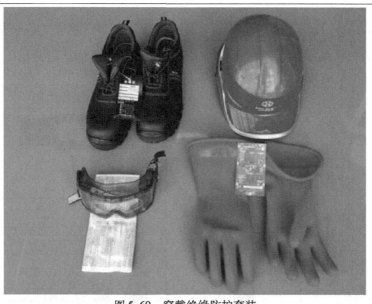

图 5-60　穿戴绝缘防护套装

使用绝缘监测仪器，测量充电枪及其线束的绝缘电阻

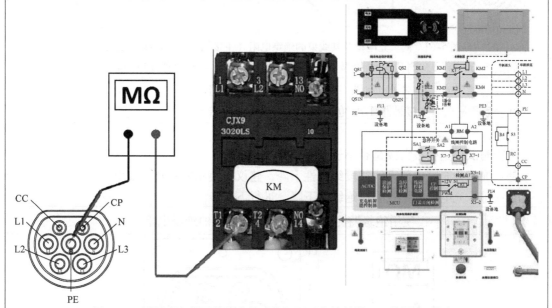

图 5-61　测量充电枪及其线束的绝缘电阻（主接触器 T12 枪端 L1 触头）

如图 5-61 所示，测量充电枪及其线束的绝缘电阻（主接触器 T12/枪端 L1 触头）。

黑表笔测量点：枪端 PE 触头 红表笔测量点：主接触器 T12/枪端 L1 触头	电压档位：_____ 测量结果：_____

结论:

绝缘测试仪是否报警或是否小于125kΩ?

是:确认为充电枪的相线线段绝缘性下降,建议更换充电枪及其线束。

否:排除充电枪的相线线段绝缘性下降,进行下一步。

使用绝缘监测仪器,测量充电枪及其线束的绝缘电阻

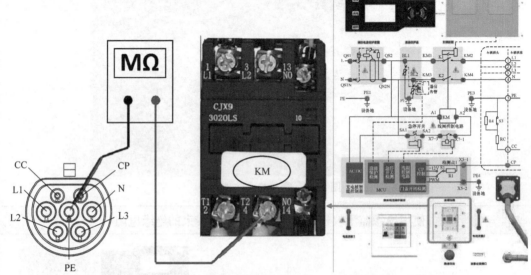

图5-62 测量充电枪及其线束的绝缘电阻(主接触器T24枪端N触头)

如图5-62所示,测量充电枪及其线束的绝缘电阻(主控触器T24/枪端N触头)。

黑表笔测量点:枪端 PE 触头	电压档位:
红表笔测量点:主接触器 T24/枪端 N 触头	测量结果:

结论:

绝缘测试仪是否报警或是否小于125kΩ?

是:确认为充电枪的零线线段绝缘性下降,建议更换充电枪及其线束。

否:排除充电枪的零线线段绝缘性下降,进行下一步。

使用绝缘监测仪器,测量车端插座的绝缘电阻

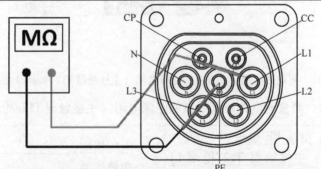

图5-63 测量车端插座的绝缘电阻(车端插座L1触头与PE)

如图5-63所示,测量车端插座的绝缘电阻(车端插座L1触头与PE)。

黑表笔测量点：<u>枪端 PE 触头</u> 红表笔测量点：<u>车端插座 L1 触头</u>	电压档位：_____ 测量结果：_____

结论：

绝缘测试仪是否报警或是否小于 125kΩ？

是：确认为车端插座火线线段绝缘性下降，建议更换充电枪及其线束。

否：排除车端插座火线线段绝缘性下降，进行下一步。

使用绝缘监测仪器，测量车端插座的绝缘电阻

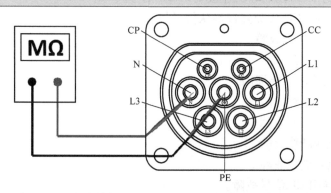

图 5-64　测量车端插座的绝缘电阻（车端插座 N 触头与 PE）

如图 5-64 所示，测量车端插座的绝缘电阻（车端插座 N 触头与 PE）。

黑表笔测量点：<u>枪端 PE 触头</u> 红表笔测量点：<u>车端插座 N 触头</u>	电压档位：_____ 测量结果：_____

结论：

绝缘测试仪是否报警或是否小于 125kΩ？

是：确认为车端插座零线线段绝缘性下降，建议更换充电枪及其线束。

否：排除车端插座零线线段绝缘性下降，进行下一步。

（5）清除故障　确认故障部件，维修更换，清除故障。

5.2.7　学习任务 6　交流充电桩 CP 故障检测与排除

1. 确认故障现象

此时设备状态描述
1）智能控制器指示灯：<u>绿灯闪烁</u>。 2）电能表显示状态：<u>正常</u>。 3）人机交互（刷卡及触屏）使用：<u>正常</u>。 4）刷卡启动桩端充电后，主接触吸合状态：_____。 5）交流充电桩是否充电：_____。 6）查看车辆仪表显示：_____。

2. 分析故障可能原因

分析故障可能原因
（1）非 CP 引发故障的可能原因 1）枪端 S3 开关故障或机械锁止装置失效。 2）枪端 RC 电阻失效导致连接确认 CC 信号故障。 3）枪端 PE 线路失效导致连接确认 CC 信号故障。 4）车端插座到 PDU 控制导引连接确认 CC 信号故障。 5）车端 OBC 到 VCU 慢充连接确认信号故障。 6）车端充电唤醒信号故障。 车端 PE 线线路故障。 （2）CP 引发故障的可能原因 1）桩端 CP 信号断线故障。 2）桩端 CP 信号失真故障。 3）桩端 CP 地线断线故障。 4）桩端 CP 信号偶发故障。 5）车端控制导引 CP 信号故障。

3. 制订排故方案

制订排故方案
1）拔下充电枪，使用随车配的充电宝进行一次充电，查看车辆充电状态是否正常，同时排除车端充电系统故障。 2）检测充电枪所有电路，排除枪端故障。 3）检测桩端 CP 信号，排除桩端 CP 故障。

4. 实施排故流程

（1）测量电压

使用万用表测量 CP 控制端电压值

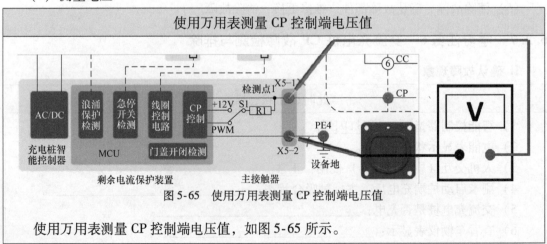

图 5-65 使用万用表测量 CP 控制端电压值

使用万用表测量 CP 控制端电压值，如图 5-65 所示。

测量点：X5-1 与 X5-2	测量结果：_____

结论：

电压值是否约为 12V？

是：排除 CP 控制端故障，进行下一步。

否：电压小于 2.5V 时，确认 CP 控制端信号失真故障，可更换智能控制器；电压小于 0.1V 时，确认 CP 控制端损坏或断路故障，可更换智能控制器。

使用万用表测量枪端 CP 电压值

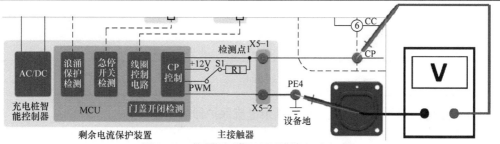

图 5-66　使用万用表测量枪端 CP 电压值

使用万用表测量枪端 CP 电压值，如图 5-66 所示。

测量点：枪端 CP 与 PE4	测量结果：_____

结论：

电压值是否约为 12V？

是：排除 CP 控制端到枪端 CP 线路故障，进行下一步。

否：电压小于 0.1V 时，确认 CP 控制端到枪端 CP 线路断路故障，分别测量 CP 和接地线路电阻。

使用万用表或示波器测量 CP 信号连续性

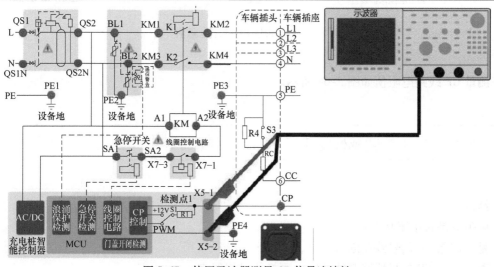

图 5-67　使用示波器测量 CP 信号连续性

使用万用表或示波器对 CP 电压信号做不间断测量，如图 5-67 所示，保持 1min 后，记录测量结果。

测量点：	测量结果：

结论：

信号是否连续？

是：排除 CP 信号不连续性（偶发）故障。

否：确认 CP 信号不连续性（偶发）故障，可更换智能控制器。

（2）测量电阻

断电
打开剩余电流保护装置门盖，扳下剩余电流保护器蓝色拨杆。
测量 CP 线路电阻值

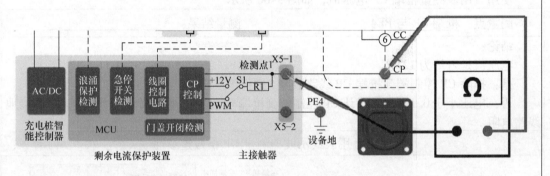

图 5-68 测量 CP 线路电阻值

测量 CP 线路电阻值如图 5-68 所示。

测量点：<u>X5-1 与 CP 或枪端 CP</u>	测量结果：

结论：

电阻值是否小于 0.6Ω？

是：排除 CP 信号线路断线故障，进行下一步。

否：确认 CP 信号线路断线故障，更换或维修线束。

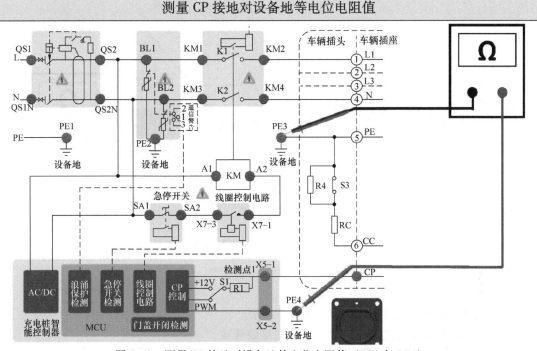

图 5-69　测量 CP 接地对设备地等电位电阻值（PE3 与 PE4）

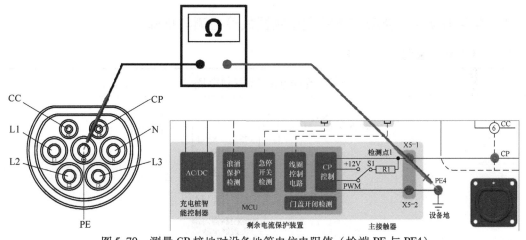

图 5-70　测量 CP 接地对设备地等电位电阻值（枪端 PE 与 PE4）

测量 CP 接地对设备地等电位电阻值，如图 5-69 和图 5-70 所示。

测量点：<u>PE3 与 PE4</u>	测量结果：_____
测量点：<u>枪端 PE 与 PE4</u>	测量结果：_____

结论：

电阻值是否小于 100mΩ？

是：排除 CP 接地与设备地等电位失效故障，进行下一步。

否：确认 CP 接地与设备地等电位失效故障，更换或维修线束。

测量 CP 接地线路电阻值，如图 5-71 所示。

测量点：X5-2 与 PE4	测量结果：_____

结论：
电阻值是否小于 100mΩ？
是：排除 CP 接地线路断线故障，进行下一步。
否：确认 CP 接地线路断线故障，更换或维修线束。

（3）清除故障　确认故障部件，维修更换，清除故障。

5.2.8　学习任务 7　交流充电桩主接触器故障检测与排除

1. 交流充电桩线圈控制电路

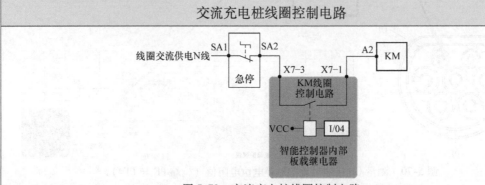

图 5-72　交流充电桩线圈控制电路

在实际电路中，KM 线圈的供电通过控制电路控制。控制电路由急停开关和内置在智能控制器主控板上的逻辑继电器组成串联电路，控制电路如图 5-72 所示，两条线分别为急停端到主控端 X7-3 节点输入智能控制器和智能控制器 X7-1 节点输出到接触器端。所有的控制逻辑或策略由智能控制器来完成。

当充电桩与车端无故障时，充电准备就绪，智能控制器吸合内部逻辑继电器，使接触器线圈（KM）通电，交流接触器主触点（K1、K2）和辅助触点动作，常闭触点断开，常开触点闭合。

2. 交流充电桩主接触器故障检测与排除

（1）确认故障现象

此时设备状态描述
1）智能控制器指示灯：<u>绿灯闪烁</u>。 2）电能表显示状态：<u>正常</u>。 3）人机交互（刷卡及触屏）使用：<u>正常</u>。 4）刷卡启动桩端充电后，主接触吸合状态：_____。 5）交流充电桩是否充电：_____。 6）查看车辆仪表显示：_____。

（2）分析故障可能原因

分析故障可能原因
1）非主接触器引发故障的可能原因 ① 枪端 S3 开关故障或机械锁止装置失效。 ② 枪端 RC 电阻失效导致连接确认 CC 信号故障。 ③ 枪端 PE 线路失效导致连接确认 CC 信号故障。 ④ 车端插座到 PDU 控制导引连接确认 CC 信号故障。 ⑤ 车端 OBC 到 VCU 慢充连接确认信号故障。 ⑥ 车端充电唤醒信号故障。 ⑦ 车端 PE 线线路故障。 ⑧ 桩端控制导引 CP 信号故障。 ⑨ 车端控制导引 CP 信号故障。 2）主接触器或线圈控制电路引发故障的可能原因 ① 桩端急停开关故障。 ② 桩端主接触器触点不吸合故障。 ③ 桩端主接触器线圈故障。

（3）制订排故方案

制订排故方案
1）拔下充电枪，使用随车配的充电宝进行一次充电，查看车辆充电状态是否正常，同时排除车端充电系统故障。 2）检测充电枪所有电路，排除枪端故障。 3）检测桩端 CP 信号，排除桩端 CP 故障。 4）检查急停开关通断，排除急停开关故障。 5）检测桩端主接触器线圈，排除线圈故障。 6）检测桩端主接触器触点通断，排除触点不吸合故障。 7）检测桩端主接触器线圈控制电路，排除线圈控制电路故障。

（4）实施排故流程

测量急停开关通断

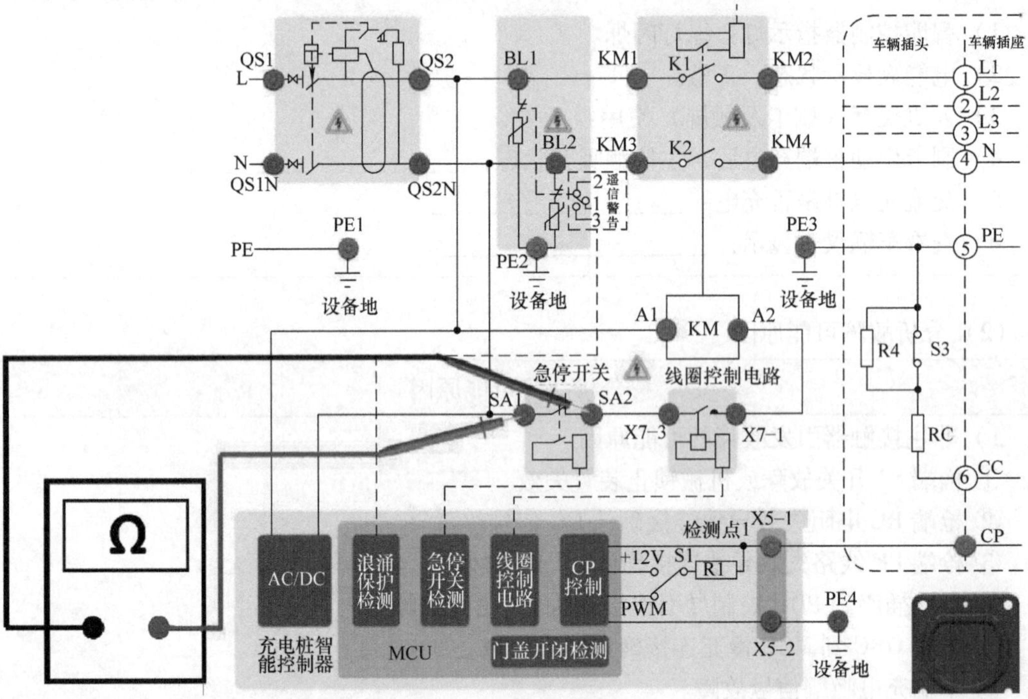

图 5-73　测量急停开关电阻

测量急停开关电阻如图 5-73 所示。

测量点：<u>SA1 与 SA2</u>	旋开时测量结果：____________ 按下时测量结果：____________

结论：

1）旋开时电阻值是否小于 0.6Ω？

是：排除急停开关故障，进行下一步。

否：确认急停开关故障，可更换急停开关。

2）按下时电阻值是否无穷大？

是：排除急停开关故障，进行下一步。

否：确认急停开关故障，可更换急停开关。

使用万用表测量线圈供电电压值

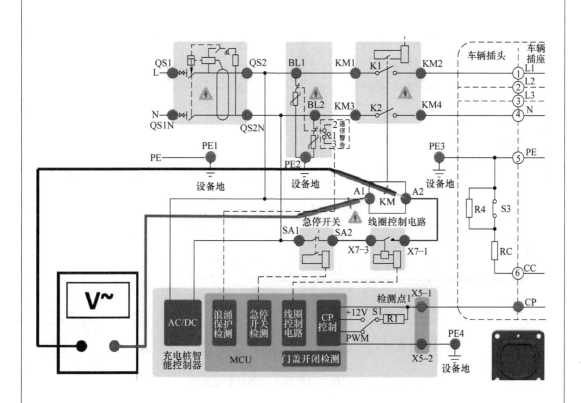

图 5-74 测量线圈供电电压值

测量线圈供电电压值,如图 5-74 所示。

测量点:<u>KM – A1 与 KM – A2</u>	测量结果:_____

结论:

电压值是否约为 AC 220V?

是:排除桩端主接触器线圈控制电路故障,进行下一步。

否:电压小于 AC 110V 时,确认主接触器线圈控制电路线路或智能控制器故障,测量智能控制器线圈控制电压和线圈控制电路电阻。

使用万用表测量智能控制器线圈控制电压值

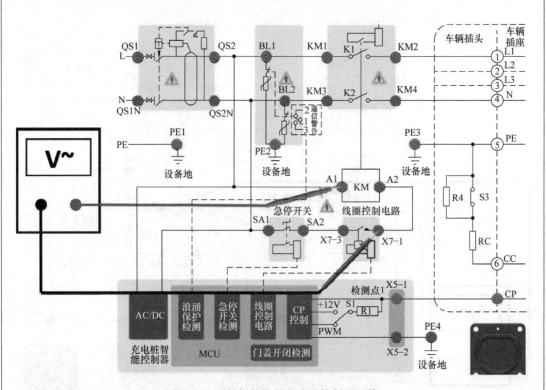

图 5-75 测量智能控制器线圈控制电压值

测量智能控制器线圈控制电压值，如图 5-75 所示。

测量点：KM-A1 与 X7-1	测量结果：_____
测量点：KM-A1 与 X7-2	测量结果：_____

结论：
电压值是否约为 AC 220V？
是：排除智能控制器故障，进行下一步。
否：电压小于 AC 110V 时，确认智能控制器故障，更换智能控制器。

断电
打开剩余电流保护装置门盖，扳下剩余电流保护器蓝色拨杆。

使用万用表测量线圈电阻值
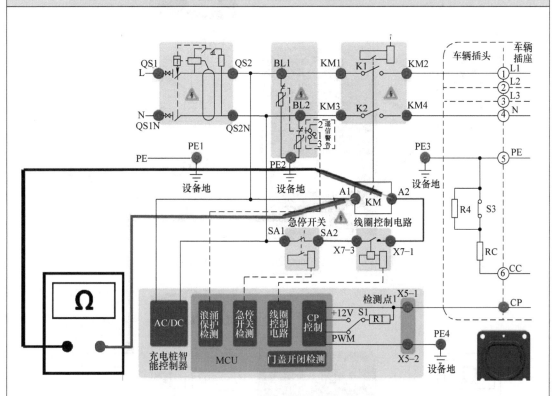 图 5-76　测量线圈电阻值 测量线圈电阻值，如图 5-76 所示。
测量点：**KM－A1 与 KM－A2**　　　　测量结果：_____
结论： 电阻值是否约为 520Ω？ 是：排除桩端主接触器线圈故障，进行下一步。 否：确认主接触器线圈线路故障，更换主接触器。
断电
打开剩余电流保护装置门盖，扳下剩余电流保护器蓝色拨杆
使用万用表测量主触点通断电阻值

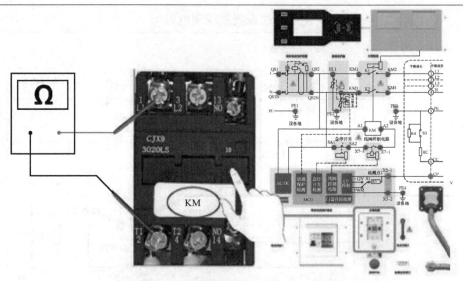

图 5-77 测量主触点通断电阻值（L1 与 T1）

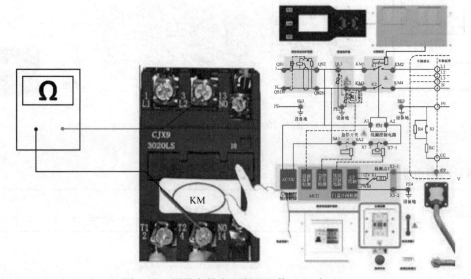

图 5-78 测量主触点通断电阻值（L2 与 T2）

测量主触点通断电阻值，如图 5-77 和图 5-78 所示。

测量点：L1 与 T1	按下触点测量结果：_____ 不按触点测量结果：_____
测量点：L2 与 T2	按下触点测量结果：_____ 不按触点测量结果：_____
结论： 按下时电阻值是否小于 0.6Ω？不按时是否为无穷大？ 是：排除桩端主接触器触点故障，进行下一步。 否：确认主接触器线圈触点故障，更换主接触器。	

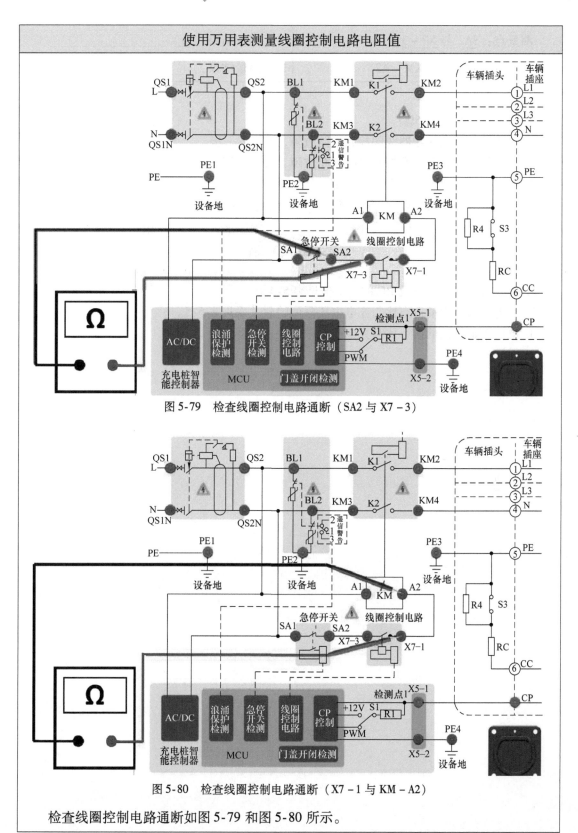

图 5-79 检查线圈控制电路通断（SA2 与 X7-3）

图 5-80 检查线圈控制电路通断（X7-1 与 KM-A2）

检查线圈控制电路通断如图 5-79 和图 5-80 所示。

测量点：SA2 与 X7-3	测量结果：_____
测量点：X7-1 与 KM-A2	测量结果：_____
结论： 电阻值是否小于 0.6Ω？ 是：排除桩端主接触器线圈控制电路故障，进行下一步。 否：确认主接触器线圈控制电路断路故障，维修线路。	

(5) 清除故障 确认故障部件，维修更换，清除故障。

本 章 小 结

1. 车辆接口连接状态及 RC 的电阻值见表 5-4。
2. 充电设施产生的占空比与充电电流限值映射关系见表 5-5。
3. 电动车辆检测的占空比与充电电流限值映射关系见表 5-6。

读者沟通卡

一、申请课件

　　本书附赠教学课件供任课教师采用,可在机械工业出版社教育服务网(www.cmpedu.com)注册后免费下载;也可扫描二维码关注"爱车邦"微信订阅号获取课件。

 爱车邦	**免费下载**　教学课件、学习视频、海量学习资料 ➢ 扫描二维码,关注"**爱车邦**" ➢ 点击"粉丝互动"→"视频课件"

二、意见反馈和编写合作

　　联 系 人：谢元
　　电　　话：010-88379771
　　电子信箱：22625793@qq.com
　　地　　址：北京市西城区百万庄大街 22 号汽车分社
　　邮　　编：100037